A ARTE DE SELECIONAR TALENTOS

CB060578

A ARTE DE SELECIONAR TALENTOS

Planejamento, Recrutamento e Seleção por Competência

Benedito Rodrigues Pontes

Claudia Aparecida Serrano

DVS EDITORA

www.dvseditora.com.br

A Arte de Selecionar Talentos
Copyright © DVS Editora 2005

Todos os direitos para a língua portuguesa reservados pela editora. Nenhuma parte dessa publicação poderá ser reproduzida, guardada pelo sistema *retrieval* ou transmitida de qualquer modo ou por qualquer outro meio, seja este eletrônico, mecânico, de fotocópia, de gravação, ou outros, sem prévia autorização, por escrito, da editora

Revisão: Dora Helena Feres e Mônica Aguiar
Produção Gráfica, Diagramação: ERJ Composição Editorial
Design da Capa: Spazio

Dados Internacionais de Catalogação na Pubicação (CIP)
(Câmara Brasileira do Livro, SP, Brasil)

```
Pontes, Benedito Rodrigues
  A arte de selecionar talentos : planejamento,
recrutamento e seleção por competência /
Benedito Rodrigues Pontes, Claudia Aparecida
Serrano.- São Paulo : DVS Editora, 2005.

  Bibliografia.

  1. Pessoal - Recrutamento 2. Pessoal - Seleção e
colocação I. Serrano, Claudia Aparecida. II. Título.

                                       CDD-658.3111
05-7839                                    658.3112
```

Índices para catálogo sistemático:
  1. Pessoal : Recrutamento : Administração : de
     empresas   658.3111
  2. Pessoal : Seleção : Administração de empresas
     658.3112
  3. Recrutamento de pessoal : Administração de
     empresas   658.3111
  4. Seleção de pessoal : Administração de empresas
     658.3112

Para Arlete, Irina e Nathalia

Agradecimentos

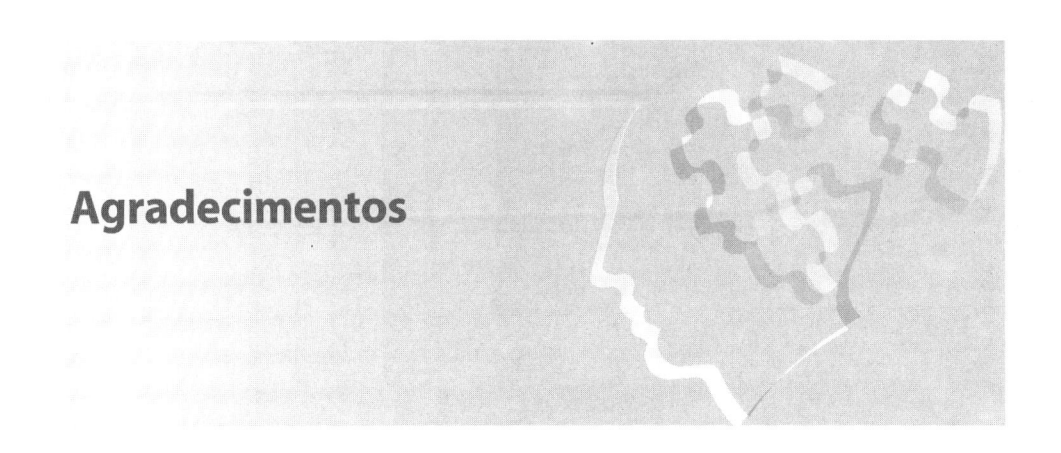

Nossa maior gratidão ao professor Victor Mirshawka, Diretor Cultural da Fundação Armando Alvares Penteado (FAAP), pelo incentivo que tem dado aos professores em publicar obras. Reconhecemos, também, que, sem o seu empenho e incentivo, esta experiência agradável e realizadora não teria sido possível.

Agradecemos muito aos amigos e professores Antônio Cláudio Queiroz Santiago e David Jóia Pereira, que leram os textos iniciais e forneceram inúmeras sugestões. Devemos a eles nossa imensa gratidão. No entanto, os isentamos de qualquer responsabilidade sobre o conteúdo do livro, bem como pelos erros e omissões.

Agradecemos aos nossos alunos dos cursos de Pós-Graduação em Recursos Humanos, turmas 55, 56, 58, 61 e 62, da Fundação Armando Alvares Penteado (FAAP), que nos ajudaram com informações relevantes da pesquisa metodológica sobre a utilização de competências nas empresas.

Sumário

Prefácio	 XIII	
	Organização da Obra XV	
	Recursos da Obra XVII	
Capítulo 1	**O Desafio do Planejamento, Recrutamento e Seleção de Pessoal** .. 1	
	Que cenário é este? 2	
	As organizações criam os avanços tecnológicos que provocam impacto sobre elas. 3	
	Pertencemos a um mundo globalizado 4	
	A visão holística. 5	
	Não é possível competir sem os preceitos: qualidade e produtividade 5	
	Sobreviver ou crescer só com estratégias atualizadas 6	
	Mudando o paradigma 8	
	Descobrir, atrair e reter talentos — o desafio 9	
	Talento 12	
Capítulo 2	**O Que É Agregar Pessoas?** 15	
	Agregar pessoas 16	
	Agregar pessoas consiste no planejamento, recrutamento, seleção e integração de pessoal 16	
	Macrossistemas de gestão de pessoas 17	

Capítulo 3	**Mapeamento de Competências**	**21**
	Uma breve introdução	22
	Afinal, o que é competência?	22
	Os desafios de trabalhar com competências	24
	Análise do perfil do cargo com base em competências	25
	Levantamento dos indicadores de competências	26
	Conceituar as competências e definir comportamentos-chave	29
Capítulo 4	**Planejamento de Pessoal**	**33**
	Conceito	34
	Para quem não sabe aonde vai, qualquer caminho serve	37
	Existem pessoas internas?	38
Capítulo 5	**Recrutamento de Pessoal**	**41**
	Conceito	42
	Fontes de recrutamento	43
	Recrutamento interno	44
	Vantagens do recrutamento interno	45
	Recrutamento externo	48
	Vantagens do recrutamento externo	48
	Como escolher a fonte?	49
	Apresentação espontânea	50
	Recrutamento por meio de funcionários	51
	Intercâmbio com outras empresas	51
	Anúncios classificados em jornais	52
	Classificados em revistas	52
	Anúncios em outras mídias	53
	Recrutamento em escolas	53
	Casa aberta	54
	Internet	54
	Feira de empregos (*job fair*)	55
	Recrutamento em entidades governamentais	55
	Placa na portaria da empresa	56
	Recrutamento em associações científicas	56
	Agências de emprego	56

Headhunter..57
Recrutamento em congressos e convenções............58

Capítulo 6 Seleção...**59**

Conceito..60
Triando currículos.................................60
O que o currículo pode indicar 61
As etapas da seleção de pessoal....................62
Cuidados a serem tomados no processo de seleção....64
A entrevista de avaliação das competências.........64
O planejamento da entrevista.......................67
   Planejamento.................................69
   Providências anteriores à entrevista..........69
   Abertura......................................69
   Anotações.....................................69
   Fazer a revisão dos antecedentes profissionais..........69
   Transição para as perguntas comportamentais
   pré-planejadas................................70
   Perguntas comportamentais pré-planejadas......70
   Encerramento da entrevista....................71
A formulação de perguntas..........................72
Princípios básicos para conduzir a entrevista com eficácia....74
Anotações..76
Controlar o tempo..................................76
Realizando a entrevista............................76
Cuidados adicionais................................77
Ferramentas adicionais de avaliação................78
A dinâmica de grupo................................79

Capítulo 7 O Processo de Avaliação **81**

Avaliando o candidato após a entrevista................82
Comparação entre os candidatos.........................84
Outros pontos de relevância para a tomada de decisão
sobre um candidato.....................................86
Propensões do entrevistador ao avaliar um candidato........86

Capítulo 8	Integração 89
	Ambientação de pessoal 91
	Integração de pessoal 92
Capítulo 9	Considerações Finais...................................... 95
	Discriminação e diversidade 96
	Pesquisa sobre a utilização da metodologia de competências. . 98
Glossário	 103
Referências Bibliográficas	 107

Prefácio

Máquinas substituem pessoas em muitas frentes de trabalho, no entanto, nunca, em época alguma, as empresas necessitaram tanto do elemento humano. A competitividade exigida das organizações, nestes tempos exacerbados, fez com que as organizações substituíssem, por máquinas, trabalhos repetitivos, porém, o que torna a empresa competitiva é o que ela consegue fazer diferente das outras, de forma exclusiva. Para fazer algo diferente e exclusivo há dependência direta do elemento humano. Por outro lado, "o fazer diferente" e "exclusivo" tem limitações temporais — rapidamente pode ser imitado —, o que torna a inovação uma necessidade contínua, implicando maior dependência das pessoas.

Nesse sentido, todas as pessoas são importantes nas organizações contemporâneas, uma vez que irão constituir o "capital humano", que permitirá o diferencial competitivo.

Capital humano é conceituado, neste texto, como o somatório dos conhecimentos, das habilidades e capacidades das pessoas que geram valor econômico para a empresa.

Quanto melhor for o capital humano, e mais eficaz for o binômio talentos descobertos/talentos atraídos e mantidos, maior deverá ser esse diferencial competitivo.

```
                    Relação Direta
                ┌─────────────────┐
                │   Diferencial    ──▶
                │   Competitivo
                └─────────────────┘
                        ▲
                   ┌────────┐
                   │ Capital │
                   │ Humano  │
                   └────────┘
```

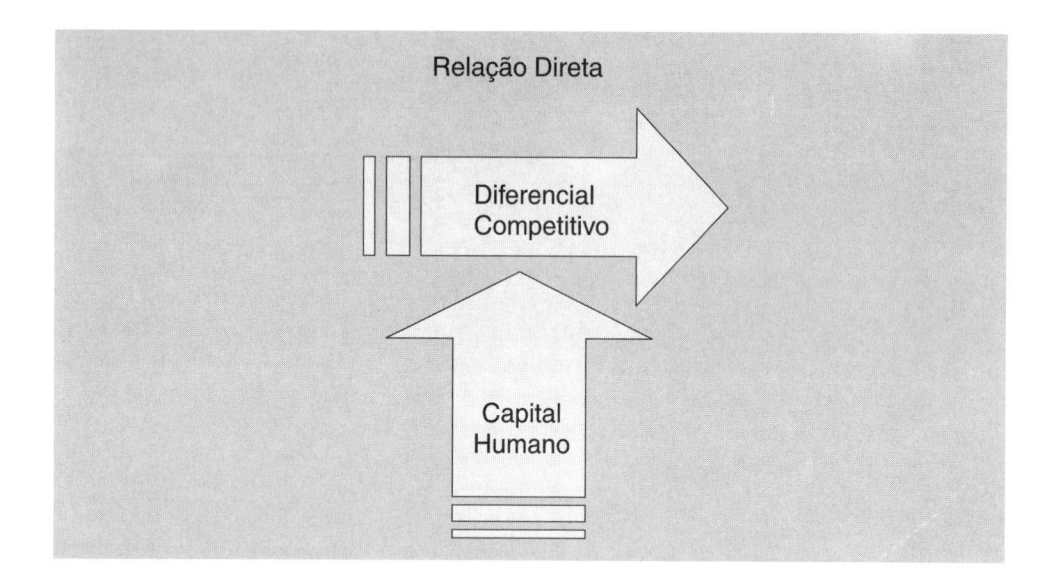

Para que as empresas possam enfrentar os desafios impostos, é necessário estabelecer estratégias inovadoras, claras e bem definidas e, ainda, maximizar os conhecimentos, habilidades e capacidades das pessoas em prol dessas estratégias. A combinação entre estratégias e capital humano é fundamental para o contínuo sucesso da organização contemporânea. Usar efetivamente o capital humano disponível não é uma tarefa tão elementar. É necessário fazer uma revisão completa das estratégias de recursos humanos. As estratégias de recursos humanos, uma vez revistas e adequadas, devem estar, necessariamente, alinhadas às estratégias organizacionais. As principais questões de recursos humanos devem ser revistas: *planejamento, recrutamento e seleção*; *treinamento e desenvolvimento*; *remuneração*; *avaliação*; *tecnologias de suporte*; *ética e transparência*. Ainda, torna-se necessário e urgente definir, de maneira clara, as competências requeridas pela empresa e desenvolver as competências pessoais para um perfeito alinhamento entre elas para obter ou manter o diferencial competitivo.

Para que a área de Recursos Humanos possa, de fato, comportar-se como parceira estratégica das organizações, é essencial rever suas abordagens e ações. O início desse novo alinhamento das questões centrais de recursos humanos com as estratégias organizacionais é o planejamento, recrutamento e seleção de pessoal, tendo como parâmetro as competências mapeadas. É muito relevante a arte "descobrir, atrair e reter talentos", como "ter as pessoas certas nos lugares certos". Não devemos esquecer, também, de que o processo de atração passa por questões como remuneração, perspectiva de desenvolvimento, ambiente de trabalho, qualidade de vida e estilo de liderança, dentre outros, e o processo de seleção está inserido neste contexto.

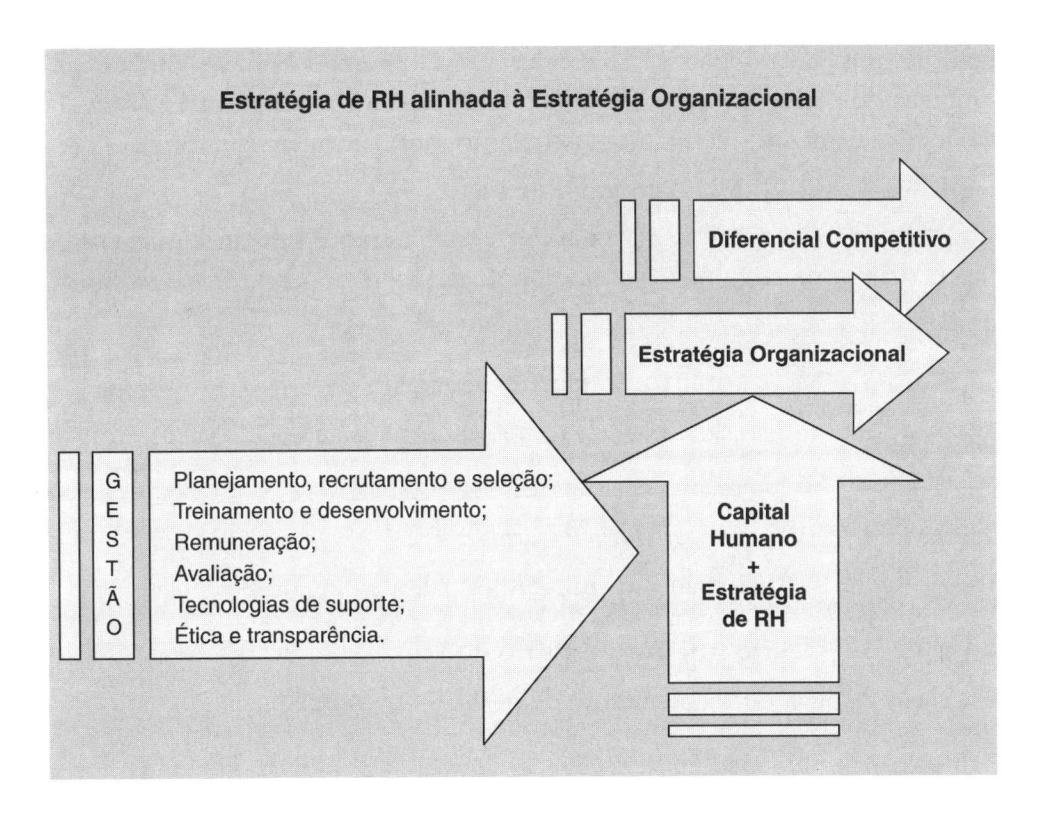

Estratégia de RH alinhada à Estratégia Organizacional

GESTÃO
- Planejamento, recrutamento e seleção;
- Treinamento e desenvolvimento;
- Remuneração;
- Avaliação;
- Tecnologias de suporte;
- Ética e transparência.

→ Capital Humano + Estratégia de RH → Estratégia Organizacional → Diferencial Competitivo

Os leitores que usarem *A arte de selecionar talentos* entenderão todo o processo de planejar, recrutar e selecionar pessoas por meio do mapeamento de competências, e estarão aptos a responder aos desafios: "descobrir, atrair e reter talentos", e "ter as pessoas certas nos lugares certos", porque **selecionar é uma arte**!

Organização da Obra

O tema aqui abordado não é inédito. Todas as organizações praticam formas de recrutar e selecionar pessoas. No entanto, o conteúdo do livro tem como parâmetro as competências, baseado na experiência profissional dos autores.

A arte de selecionar talentos é dividido em nove capítulos.

Capítulo 1 – O Desafio do Planejamento, Recrutamento e Seleção de Pessoal

Trata do impacto da globalização sobre as empresas e discorre a respeito da importância do capital humano. Procura conceituar talento e mostra a importância do planejamento, recrutamento e seleção, nesta nova era econômica.

Capítulo 2 – O Que É Agregar Pessoas

Introduz o programa de planejamento, recrutamento e seleção de pessoal, e mostra a importância do uso da metodologia por competência na gestão de pessoas.

Capítulo 3 – Mapeamento de Competências

Discorre sobre o histórico, conceitos, mapeamento e análise de cargos com o uso de competências.

Capítulo 4 – Planejamento de Pessoal

Abrange as técnicas do planejamento de pessoal, usando competências.

Capítulo 5 – Recrutamento de Pessoal

Aborda as técnicas do recrutamento de pessoal por competência.

Capítulo 6 – Seleção

Mostra as fases e as técnicas do processo de seleção de pessoal por competência.

Capítulo 7 – O Processo de Avaliação

Verifica as técnicas de avaliação de pessoal e do processo de seleção por competência.

Capítulo 8 – Integração

Mostra a importância da integração após o processo de contratação.

Capítulo 9 – Considerações Finais

Discute que competência não pode ser usada como forma de discriminação no processo de seleção, o quanto a diversidade é importante e o uso da metodologia por competência nas empresas.

Recursos da Obra

Os **objetivos do capítulo** definem os pontos essenciais do que será tratado no capítulo.

As **figuras** resumem as idéias centrais do texto e facilitam a revisão da matéria estudada.

Todos os **termos-chave** são apresentados em **negrito**, visando facilitar a revisão da leitura.

O **Glossário** define os principais termos técnicos utilizados no texto.

Adotamos propositadamente a simplicidade como a grande característica da obra, para que a leitura possa ser mais facilmente entendida.

Capítulo 1

O Desafio do Planejamento, Recrutamento e Seleção de Pessoal

Objetivos do Capítulo:

- Verificar os desafios impostos às organizações no cenário econômico;
- Mostrar a importância das pessoas como diferencial competitivo das organizações;
- Verificar os desafios impostos para descobrir, atrair e manter talentos;
- Conceituar talento;
- Introduzir os processos de planejamento, recrutamento e seleção.

"O que quer que aconteça, divirtam-se e não tenham medo de errar, pois, sem cometer erros, vocês nunca farão nada."

Richard Branson,
Perdendo minha virgindade – **Autobiografia**

Que cenário é este?

Gary Becker, professor da Universidade de Chicago, escreveu, há alguns anos que:

> "Os países mais ricos financeiramente, como Estados Unidos, Japão e Alemanha, têm também o capital humano mais alto e isso não chega a ser surpreendente. É uma conseqüência direta do sucesso econômico desses países [...] O capital humano não é o único fator na saúde de um país, mas é um fator vital."

Não foram inseridos nessa afirmativa tantos outros países, como a Noruega, Canadá, Suíça, que se destacam pelo Índice de Desenvolvimento Humano (**IDH**)[1] e que incorporam o binômio riqueza financeira/capital humano. Não há o que discutir sobre a influência do capital humano no sucesso econômico de uma Nação, bem como de ser esse o seu fator vital. De acordo com essa premissa, o capital humano é também vital para o sucesso de uma organização. As pessoas sempre foram importantes na vida das empresas, mas, na era em que vivemos, elas passaram a ser o fator vital. No mundo globalizado, de avanços tecnológicos acelerados, para se manter competitiva, as organizações precisam, cada vez mais, repensar as formas de descobrir, atrair e reter talentos.

No mundo globalizado, a concorrência avança sem fronteiras. Serão vencedoras as empresas que conseguirem maior flexibilidade em seus processos, para poder inovar e personalizar cada vez mais o seu produto ou serviço, e a melhor forma de atender clientes mais exigentes. Sob a estratégia escolhida pelas organizações para se manterem competitivas, o capital humano tem importância destacada. Nesse contexto, repensar as formas de gestão de pessoas é fundamental. E o talento faz a diferença!

---

1. O IDH é medido por meio de indicadores de educação (alfabetização e taxa de matrícula), longevidade (esperança de vida ao nascer) e renda *per capita* (Produto Interno Bruto — PIB — produzido pela nação e dividido por seus habitantes). O IDH varia de 0, que indica nenhum desenvolvimento humano, a 1, que indica um índice de desenvolvimento humano muito alto. Países com IDH entre 0,5 e 0,79 são considerados de médio desenvolvimento, abaixo de 0,5, de baixo desenvolvimento humano e acima de 0,8 são considerados de alto desenvolvimento humano. No *ranking* da Organização das Nações Unidas (ONU) para o ano de 2003, a Noruega, Islândia, Suécia, Austrália, Holanda, Bélgica, Estados Unidos, Canadá, Japão, Suíça, Dinamarca e Irlanda figuram entre os 12 primeiros colocados e nessa ordem. O Brasil figura na 65ª posição, com o índice de 0,77.

As organizações criam os avanços tecnológicos que provocam impacto sobre elas

Não há o que discutir sobre os avanços tecnológicos. No entanto, é necessário estar aberto para acreditar em novas possibilidades tecnológicas. Não há bola de cristal que ajude nisso, é uma questão de credo, e a história conta que muitas pessoas estavam diante de grandes aventuras tecnológicas e não acreditaram (CHOWDHURY, 2003a, p. 236):

> "'Nada substituirá o papel carbono'.
> Um relatório de maketing da IBM, avaliando se deveria comprar a Haloid, que mais tarde passou a se chamar Xerox.
> 'Quem quer ouvir os atores falando.'
> H. M. Warner, da Warner Brothers, 1927.
> 'Não há razão para alguém querer um computador em casa.'
> Ken Olson, presidente, chairman e fundador da Digital Equipment Corporations, 1977.
> 'Máquinas voadoras que sejam mais pesadas que o ar são impossíveis.'
> Lord Kelvin, presidente da Royal Society, 1895.
> 'Acho que há mercado talvez para cinco computadores.'
> Thomas Watson, chairman da IBM, 1943.'"

A realidade vem mostrando, de forma contínua, que o pensamento em inovações deve fazer parte permanente das organizações. Vivemos um novo tempo em poucos dias. Novas gerações de computadores, novas tecnologias em comunicação de dados, robôs cada vez mais sofisticados que substituem tarefas repetitivas, robôs caseiros, nanotecnologia.[2] Estes são apenas alguns exemplos de avanços tecnológicos em nosso tempo. Mudanças sempre aconteceram; o que surpreende é "a velocidade como as mudanças estão ocorrendo". As descobertas tecnológicas eram mais duradouras. Atualmente, a rapidez com que a tecnologia muda e faz mudar nosso comportamento é fantástica. Poderíamos enumerar diversos exemplos. Quem imaginaria, há alguns anos, a possibilidade de "carregar" um aparelho telefônico e utilizá-lo em qualquer ponto sem fio? Pouco tempo após sua invenção, várias outras funções foram acopladas a esse aparelho. A mudança não termina, a cada dia, novas funções são aco-

---

2. Nano significa um milésimo. A expressão é usada para designar objetos e produtos extremamente pequenos. O desenvolvimento de dispositivos cada vez menores está associado ao aumento na velocidade, funcionalidade e custo. A nanotecnologia pode criar máquinas, como microcomputadores, mil vezes mais rápidas que as atuais.

pladas. Esse pequeno aparelho (cada vez menor) possibilita múltiplos usos. E os computadores? Quem poderia imaginar, há alguns anos, ter um *laptop* que permitiria conectar-se e trafegar na Internet (Internet há alguns anos?), sem o uso de cabos, usando *wireless*.[3] Basta comparar qualquer máquina engenhosa atual com uma similar que tenha um ou dois anos para atestar a velocidade das mudanças tecnológicas.

Essa rapidez nos avanços tecnológicos impôs às empresas flexibilidade para evoluir constantemente. Ter uma tecnologia de ponta, hoje, não garante em nada a sobrevivência das organizações. É um paradoxo, mas, quanto maior for a velocidade dos avanços tecnológicos, maior será a necessidade de mudanças nas próprias empresas que criam tais avanços tecnológicos. A organização que não dispõe de flexibilidade para atualização constante corre o risco de ficar fora do mercado. Nesse processo, pessoas que repensam estratégias e que desenvolvam novos produtos são essenciais. E o talento faz a diferença!

Pertencemos a um mundo globalizado

O avanço da informática, associado à tecnologia de telecomunicações, conduziu a economia à escala da globalização — economia global. Até bem pouco tempo, a maioria das empresas preocupava-se apenas com seus concorrentes locais ou regionais, e poucas, com os internacionais. Hoje, as empresas competem com produtos do mundo todo, o que impõe constantemente: concorrência de preço, qualidade e inovação. Os negócios em uma economia globalizada impõem um processo de escala, dada a intensificação da competição. Para fazerem frente a esse processo, as empresas se tornam mais "voláteis" e é imperioso, em muitos casos, as fusões, aquisições e *joint ventures*. Nesse ambiente, muitas organizações desaparecem, mas também muitas são criadas em segmentos cada vez mais específicos.

A globalização propiciou, também, a disponibilidade e circulação de grande volume de informações. Isso exige esforço das pessoas em entender todo o processo e fazer com que suas empresas adaptem-se ao novo tempo.

As estratégias mercadológicas tornaram-se globalizadas, e as empresas — para sobreviverem nesse novo mundo e a novas formas de concorrência, assim como para atuarem em mercados emergentes — passaram a buscar continua-

---

3. Tecnologia que permite conectar aparelhos eletrônicos sem utilizar cabos.

mente melhorias na eficiência de seus processos, aumento na velocidade de suas ações e atualização constante de suas estratégias. Nesse sentido, as pessoas são essenciais para garantir a continuidade das organizações. E o talento faz a diferença!

A visão holística

Tanto no campo das ciências quanto nas organizações, a visão antiga era a "reducionista". Todos os tratados científicos, bem como as teorias administrativas, eram descritos conforme a visão reducionista. Atualmente, a corrente que se sobrepõe é a da visão holística: a verificação do todo.

A visão holística tem transformado várias ciências, a começar pela física. Muitas universidades reestudam seus currículos, prometendo ao estudante uma formação mais abrangente. Num mundo econômico globalizado, as organizações necessitam que seus profissionais entendam, pensem e criem conforme pressupostos da visão holística, ou seja, profissionais que tenham uma atuação mais abrangente. Necessitam, ainda, de profissionais que trabalhem e entendam do negócio e das estratégias da organização, independentemente da área de atuação. Precisam de profissionais que compreendam o todo organizacional e o ambiente em que se inserem. E o talento faz a diferença!

Não é possível competir sem os preceitos: qualidade e produtividade

Há um texto, publicado em 1959 pelo Centro Europeu de Produtividade, muito interessante:

> "Acima de tudo, a produtividade é uma atitude de progresso, da constante melhoria do que existe. É a certeza de ser capaz de fazer hoje melhor do que ontem, assim como amanhã melhor do que hoje. É a vontade de melhorar a situação atual, não importa quão boa ela possa parecer, não importa quão boa ela realmente possa ser. É a constante adaptação da vida econômica e social às condições de mudança. É o contínuo esforço de aplicar novas técnicas e novos métodos. É a fé no progresso humano."

Apesar de ter sido escrito há muito tempo, o texto é atual e resume a importância da obsessão pela melhoria da qualidade e produtividade, "não importa quão boa possa ser". Na busca incessante de fazer cada vez melhor, a economia global força as empresas rumo à melhoria da produtividade e qualidade, de forma constante. Os consumidores globais não são tão fiéis às marcas e desejam maior qualidade do produto, assim como pagar o preço justo. Esse comportamento obriga as empresas a procurar incessantemente aumentos de produtividade e qualidade. Sem o binômio qualidade- produtividade, é difícil competir em uma economia global. As pessoas, mais uma vez, são responsáveis tanto pelas estratégias voltadas a incrementos de produtividade e qualidade, quanto pela execução de tarefas que resultem nessa melhoria. E o talento faz a diferença!

Sobreviver ou crescer só com estratégias atualizadas

Neste mundo competitivo, quais estratégias darão certo? Quais deverão ser perseguidas pelas organizações? São perguntas difíceis de serem respondidas. O número de respostas é, seguramente, muito grande.

Tentando simplificar algo bastante complexo, a resposta pode ser resumida em três aspectos: preço, tecnologia e serviço. A estratégia de preço passa por melhorias da produtividade ou incrementos de novas tecnologias com mudanças significativas dos processos, que resultem em melhorias dos custos de produção e, portanto, dos preços. A estratégia tecnológica, como vimos, requer desenvolvimento constante de novos produtos, aperfeiçoamento ou inovação dos existentes, e lançamento de produtos inovadores antes dos concorrentes. A estratégia de serviço requer personalizar o atendimento ao cliente, melhorias constantes no atendimento e no pós-venda. Qual a melhor estratégia a ser adotada? Mesmo que algumas organizações adotem, exclusivamente, uma delas, parece que a solução mais recomendada é a adoção desse conjunto de estratégias, que irá se multiplicar em inúmeras ações.

As empresas que conseguem um melhor produto — em termos tecnológico e personalização — associado a um excelente atendimento, e, ainda, a um preço menor que os dos concorrentes, terão, com certeza, posicionamento diferenciado no mercado. As estratégias não são mais duradouras; neste ambiente globalizado, mudanças são sempre necessárias. Segundo Bohlanger (2003, p.7).

A tecnologia e a globalização são apenas duas forças que dirigem as mudanças nas empresas e na GRH. Como Jack Welch, na época, CEO da General Electric – GE (maior organização do mundo), afirmou:

"Você precisa liderar a mudança. Você não pode simplesmente manter o *status quo*, porque alguém está sempre vindo de outro país com outro produto, as preferências do consumidor mudam. A estrutura de custo é que muda ou surge nova tecnologia revolucionária. Se você não for rápido ou não se adaptar com facilidade, ficará vulnerável. Isso é verdadeiro para cada uma das unidades de negócio de cada empresa, em todos os países do mundo".

Segundo o atual principal executivo da General Electric (GE), Jeffrey Immelt, hoje (RYDLEWSKI, Veja, 2005):

"A única fonte de lucro, a única razão para investir em uma empresa é a sua capacidade de inovar e se diferenciar. [...] A capacidade de inovar é a única razão para investir em uma empresa – não uma das razões, mas a única, repita-se. Essa ênfase não é despropositada. A história econômica recente está crivada de vítimas da capacidade de criar. Em certos segmentos da economia, como o de tecnologia digital, a produção de riqueza flui diretamente da inovação radical – e não mais simplesmente do aperfeiçoamento de técnicas e produtos conhecidos."

Joseph Alois Schumpeter (1883 – 1950) acreditava que "o sistema econômico evoluía porque homens de coragem arriscavam suas fortunas para realizar novas idéias, que ousavam inovar, experimentar, expandir" (HEILBRONER, 1974). Schumpeter fez um trabalho fabuloso sobre os ciclos econômicos. Ele dizia que as inovações acontecem como ondas, com ciclos cada vez menores, conforme mostra a Figura 1.1. Ele foi um dos primeiros economistas a se debruçar sobre a relação inovação e lucro das empresas. Schumpeter criou a expressão "destruição criadora" para descrever os surtos de mudança desencadeadas por criações revolucionárias "[...] quando alguém traz uma novidade para o mercado ganha um prêmio extra por chegar primeiro. Essa vantagem não dura para sempre, pois tende a ser imitada num ambiente em que há competitividade" (RYDLEWSKI, Veja, 2005).

Gerenciar mudanças e adotar uma estratégia ou a soma de estratégias fará o diferencial competitivo. Sem uma estratégia ou estratégias claramente definidas, fica sem sentido o trabalho das pessoas. Quem são os responsáveis por pensar e desenvolver as estratégias? Quem são os responsáveis pela condução das estratégias? Quem são os responsáveis por gerenciar as mudanças? Pessoas! E o talento faz a diferença!

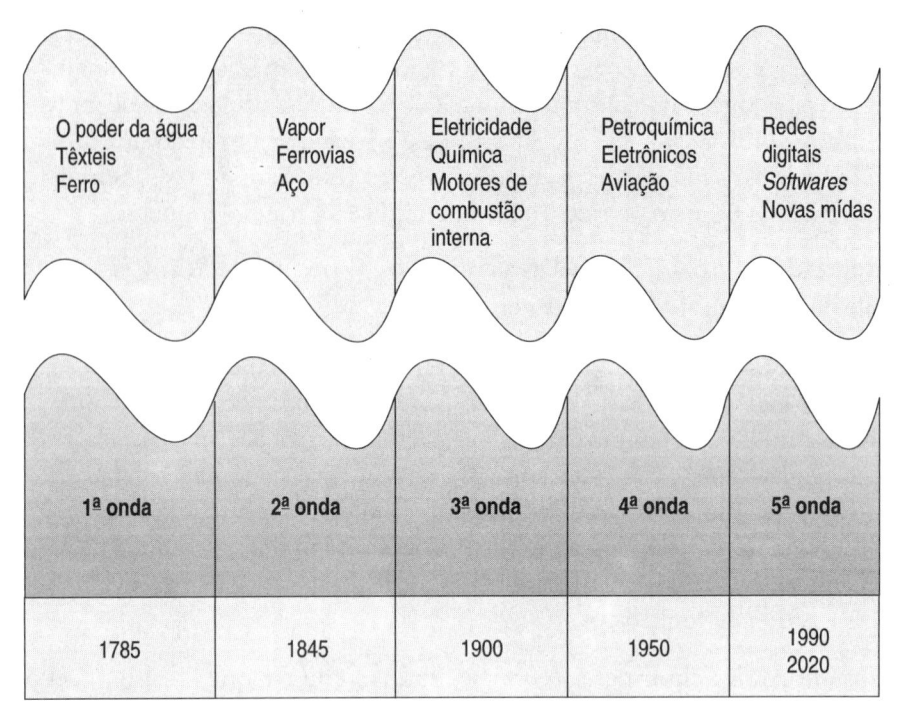

1ª onda	2ª onda	3ª onda	4ª onda	5ª onda
O poder da água Têxteis Ferro	Vapor Ferrovias Aço	Eletricidade Química Motores de combustão interna	Petroquímica Eletrônicos Aviação	Redes digitais *Softwares* Novas mídas
1785	1845	1900	1950	1990 2020

Fonte: Rydlewski, Veja, 2005.

Figura 1.1 As Ondas de Inovação.

Mudando o paradigma

Começava uma nova empresa. Os maquinários eram comprados, alguns feitores e uma massa de trabalhadores, contratados e a empresa estava pronta para iniciar a produção. Essa massa de trabalhadores "vendia" sua destreza manual, nunca o cérebro. O tempo ia passando, a empresa crescia, algumas pessoas saíam, outras entravam e, de modo algum, a produção era afetada ou causava algum distúrbio na organização. Tudo pertencia ao fundador da empresa, até a entrega do produto ao consumidor. Para Stewart (Exame, 1997):

> "Karl Marx observou que o trabalhador industrial, diferentemente do artesão e do pequeno produtor rural, já não detinha a posse de seus instrumentos de trabalho, nem do produto de seu trabalho. Marx se equivocou sobre muitas coisas, mas não sobre essa, à qual deu o nome de "alienação da mão-de-obra". Henry Ford era dono de tudo o que era necessário para a manufatura de carros e também dos próprios carros, até vendê-los."

Essas empresas estavam inseridas em uma visão de mundo ligada ao modelo newtoniano-cartesiano, que tinha como principais pressupostos o reducionismo e a interpretação dos fenômenos de forma fragmentada. O ambiente econômico era de certa maneira previsível, como 'um dia atrás do outro. A certeza e a estabilidade eram normas. Exigia-se o conhecimento restrito de disciplinas isoladas. Qualquer questão que envolvesse um assunto multidisciplinar ou complexo somente poderia ser estudada em partes, e as considerações eram verificadas tendo a máquina como modelo. As empresas, inseridas nesse contexto, limitavam seus trabalhadores ao uso da destreza manual. Num ambiente em que as máquinas eram o elemento central, o uso do cérebro não se fazia necessário.

A organização funcionava verticalizada, uma verdadeira pirâmide organizacional. Os donos do poder impunham as normas e os abaixo da linha do poder simplesmente obedeciam.

O mundo de incertezas predominantes, em que as tecnologias e as exigências dos consumidores evoluíram mais que as teorias administrativas, exige dos profissionais decisões rápidas que podem determinar o sucesso ou o fracasso das corporações e obrigam as empresas a horizontalizar suas estruturas, delegar poderes e abandonar suas normas rígidas. As organizações com estruturas verticalizadas e rígidas não mais se adaptam ao novo cenário. O entendimento das estratégias, dos valores e da missão passou a ser muito importante.

Com a mudança do cenário econômico, as organizações necessitam, cada vez mais, do fator humano. Pessoas, ao contrário das máquinas, não são propriedade das empresas. O fator humano passa a ser o elemento central, e as organizações se obrigam a buscar pessoas que possam de fato contribuir com seu cérebro, com suas competências. Competências como criatividade, inovação, flexibilidade, relações, inteligência, além de outras características pessoais, como humor e não somente conhecimentos técnicos. Pessoas passam a ser cada vez mais um fator importante. E o talento faz a diferença!

Descobrir, atrair e reter talentos — o desafio

Estamos em uma nova onda ou nova era econômica. Mas, afinal, o que é essa nova economia? De acordo com Lahoz (Exame, 1999)

"O que a história ensina é que a partir de um certo momento a nova tecnologia decola. Foi o que aconteceu na década de 20. Aparentemente, é o que está acontecendo agora. São momentos da história em que o paradigma de produção muda. Note que o progresso tecnológico é algo que está sempre acontecendo. Não é disso que se trata. Estamos falando de momentos que marcam rupturas na maneira de produzir. Foi assim com a revolução da termodinâmica e a conseqüente invenção das ferrovias. Foi assim com a revolução da eletroeletrônica e o conseqüente desenvolvimento do automóvel. Está acontecendo de novo, mas não se trata mais de transportar fisicamente bens e pessoas. Agora o que conta é o transporte virtual de idéias."

O aspecto central da nova economia é que as pessoas e as empresas podem comunicar-se em tempo real em todo o mundo pela Internet. As vendas e as compras são facilitadas, e a melhor oferta ganha. Por isso, mais do que nunca, a competição está mais acirrada.

Neste cenário, as novas tecnologias podem ajudar as empresas no processo de competição. É uma das estratégias. Mas, segundo Stewart (Exame, 1997),

"o capital humano é o lugar onde se iniciam todas as escalas: a fonte de inovação. O dinheiro fala, mas não pensa. As máquinas trabalham, muitas vezes muito melhor do que qualquer ser humano poderia trabalhar, mas não criam. No entanto, pensar e criar são os ativos fixos dos quais dependem o trabalho de conhecimento e as empresas de conhecimento."

Pode-se pensar — e que forma reducionista de pensar — que somente as empresas ligadas ao conhecimento é que necessitam do capital humano, do talento, nesta nova economia. Todas as organizações necessitam do talento; é "uma verdadeira corrida do ouro". Para Vassalo (Exame, 1999):

"Essa nova corrida do ouro está levando à Internet muitos dos mais brilhantes profissionais do mercado. Num mundo onde o que realmente vale é talento, idéias, gente que faça a diferença, essa é uma inquietante e crescente ameaça às demais corporações. Uma má notícia para qualquer negócio que possa parecer grande, lento, burocrático, pouco agressivo. Não importa o que sua empresa produz ou vende. Se quiser prosperar, ela precisará das melhores pessoas, de profissionais empreendedores, inovadores, energéticos, visionários e bem-formados. São esses cérebros que ajudarão velhos negócios a entrar e atravessar os obstáculos colocados pela Nova Economia."

É verdade que as empresas estreitamente ligadas ao conhecimento, como as de tecnologia e informação, podem ter uma facilidade maior em atrair talentos pelo encantamento que seus negócios produzem. Mas, no nosso ambiente econômico, todas as empresas necessitam de pessoas que resolvam problemas e as coloquem em uma posição privilegiada — competitiva. Pessoas com talento e com alto poder de realização, flexíveis e capazes de enfrentar os novos desafios. Os desafios impostos às empresas são, na realidade, impostos às pessoas que lá trabalham.

É fundamental para atrair e reter talentos, além de programas de gestão de pessoas modernos, flexíveis e ajustados à nova realidade, que a empresa mantenha um clima de trabalho sadio, motivador e estimulante. Empresas que permitam o contínuo desenvolvimento das pessoas, que elas possam criar e que reconheçam as que fazem a diferença. É necessário também descobrir novos talentos no seio organizacional. Cuidados redobrados com a política de pessoal, devem ser tomados. Entre tantas recomendações, quatro questões são marcantes, ou seja, *oportunidade de aprendizado, feedback, líderes e salário.*

- Oportunidade de aprendizado — os talentos valorizam as oportunidades que têm para aprimorar seus conhecimentos, assim como sabem quanto é importante, para propiciar seu crescimento na carreira, assumir novos desafios e responsabilidades. Este é o fator de retenção mais significativo.
- *Feedback* — segundo a pesquisa da Hay Group, os profissionais de melhor desempenho são os que menos recebem *feedback*, sentindo-se relegados pela empresa. David Hofrichter, vice-presidente da Hay Group, em Chicago, diz: "Os talentos planejam o próximo passo, pensam na carreira". Assim, é fundamental que esses jovens profissionais recebam orientação contínua de profissionais mais experientes.
- Líderes — em 16% dos casos, segundo dados da pesquisa feita pela Kepner-Tregoe, "conflitos com o chefe" aparece como uma das três razões mais freqüentes para a perda de profissionais de alto desempenho, ou seja, os talentos não deixam a empresa e, sim, querem distância de líderes que não lhes dêem condições de atingir suas metas ou explorar e desenvolver suas potencialidades plenamente.

- Remuneração — remuneração competitiva é um dos itens fundamentais para atrair e reter talentos, mas pode exercer pouca influência se a empresa propicia um ambiente de trabalho tóxico. A indústria da Internet vem atraindo estrelas pelas possibilidades de ganho rápido e pela informalidade, agilidade e clima de *campus* universitário que ela costuma oferecer.

É um desafio *descobrir, atrair e reter* talentos. Também, sempre foi difícil *encontrar a pessoa certa para o lugar certo na organização*. Agora, o grande desafio é *encontrar o talento para o lugar certo na organização*. Porque, o talento faz a diferença!

Talento

Talento se refere a uma pessoa que fala quatro idiomas, entende profundamente de informática e novas tecnologias, flexível, entusiasta, motivada, estudiosa, com alto grau de iniciativa, criatividade e liderança, empreendedora, inovadora, ética, que sabe trabalhar em equipe, que resolve conflitos, comunicativa, empática, bem-humorada, entre outros atributos? Talvez este seja o perfil para "super-homem", "*supergirl*", "mulher-maravilha" ou para "super-heróis" mais modernos! Não existe ninguém com tantos atributos. Há pessoas que possuem um conjunto deles.

A primeira parte da questão é que a empresa precisa definir o perfil dos profissionais de que necessita — a identificação das competências para grupos de cargos ou carreiras é essencial nesse sentido. É necessário ainda planejar as necessidades de reposição ou de aumento de quadro com antecedência, uma vez que a identificação de pessoas com o perfil desejado não é tarefa tão simples, e pessoas que possuem mais competências ou competências diferenciadas são desejadas por dezenas de organizações.

A segunda parte da questão diz respeito ao processo de recrutamento e seleção de pessoal, que precisa ser aplicado com muita seriedade para que, de fato, os talentos necessários às organizações sejam identificados. Planejar, recrutar e selecionar pessoas competentes são partes vitais dos programas de gestão para o sucesso das organizações.

E o talento faz a diferença! Desde o início do capítulo, colocamos essa exclamação para concluir um item. Estamos exaltando que o talento faz a diferença! Sabemos quem são os talentos em nossas organizações? De certa forma a área de Recursos Humanos e os executivos os identificam. Mas podem existir diferenças na percepção. Vejamos algumas percepções (THIENNE, 2003):

"'Talento é uma pessoa que tem um dom natural de fazer bem a sua tarefa. Faz bem o seu trabalho além do esperado. Um talento transforma sua capacidade em resultados'
(Alberto Ferreira, Vice-presidente da TELESP Celular);
'Talento sempre tem iniciativa, criatividade e grande senso de negociação e está sempre disposto a abraçar novas oportunidades'
(Ernesto Ferreira, Diretor de Recursos Humanos da Bunge Alimentos);
'Talento são pessoas empreendedoras, com iniciativa, inovação e criatividade. Sempre excedem na apresentação dos resultados'
(Joaquim Correia, Diretor de Recursos Humanos da Embratel).

'Talento são pessoas que possuem um dom natural, ou objeto de muito treinamento e dedicação, que fazem a diferença nas organizações, criando, inovando, empurrando, fazendo acontecer.' Para Bennis e Biederman (2002, p. 179), 'As pessoas capazes de alcançar algo verdadeiramente inédito possuem mais do que simples talento e inteligência. Elas possuem mentes originais. Vêem as coisas de forma diferente.' É, caros leitores, sabemos o que é talento, mas não é tarefa tão fácil unificar as percepções, daí a necessidade de definir claramente as competências essenciais necessárias às organizações e aos cargos, e aqueles profissionais que se destacarem em muito em seus desempenhos podem ser considerados os talentos."

Os talentos não são muitos e devem abranger de 10% a 20% das pessoas em uma empresa. Como são poucos, a dificuldade em atraí-los e mantê-los é maior. Para atraí-los, uma boa empresa, um grande desafio e uma boa remuneração facilitarão o processo de recrutamento; e, para mantê-los, como são poucos e "diferentes — são os astros e as estrelas e têm que ser tratados como tal" (CHOWDHURY, 2003b). Uma vez atraídas, essas pessoas precisam ser continuamente reconhecidas e estimuladas com desafios e liberdade de ação. No entanto, falta mais um elo na corrente — o desenvolvimento de talentos. Somente contratá-los no mercado de trabalho é ter uma visão míope do processo. É necessário identificá-los internamente e desenvolvê-los. O planejamento de pessoal e o recrutamento interno são os alicerces desse processo. As ações constantes do planejamento de pessoal, verificando as necessidades de demandas futuras de pessoal, associadas a instrumentos, como a avaliação de desempenho e a avaliação de potencial, vão culminar em descobertas de potenciais humanos – talentos.

Toda essa mudança no cenário trouxe impacto profundo sobre a área de Recursos Humanos. As suas estratégias tiveram de ser obrigatoriamente alinhadas às da empresa. Novas formas de pensar foram incorporadas às áreas de Recursos Humanos, para que o imenso desafio de atrair e reter talentos pudesse de fato ser concretizado. Para Bohlanger, Snell e Shermam (2003, p. 9):

> "O capital humano é intangível e não pode ser gerenciado da mesma maneira que as empresas gerenciam cargos, produtos e tecnologias. Uma das razões para isso é que são os funcionários, e não a empresa, os detentores do capital humano, e qualquer investimento que a empresa tenha feito no treinamento e desenvolvimento dessas pessoas fica perdido para ela."

Não é possível mais gerenciar pessoas da forma como fazíamos há alguns anos. Os novos programas de Recursos Humanos devem ter como premissa a arte de atrair e manter o capital humano. Nesse sentido, também o *planejamento, recrutamento* e *seleção*, tiveram de ser revistos, e novos parâmetros e paradigmas foram incorporados.

O processo de ingresso de novas pessoas nas organizações não pode ser equivocado. A seleção de pessoas erradas pode significar montanhas de prejuízos para a empresa, em perda de oportunidades ou em erros produzidos. Portanto, o cuidado deve ser redobrado em todo o processo de seleção, que se inicia com o planejamento das necessidades.

O próximo capítulo apresenta os conceitos sobre competências e os seguintes procuram discutir as metodologias a serem aplicadas ao processo de planejamento, recrutamento e seleção de pessoal. As técnicas ajudam e são importantes, mas o investimento de tempo no processo, pelos responsáveis pela contratação de novas pessoas para a organização, é fundamental.

Agora e com você

1. Quais as conseqüências, nas organizações, das principais mudanças ocorridas no cenário econômico?
2. Qual o impacto desse cenário econômico nas áreas de RH?
3. Por que descobrir, atrair e manter talentos é um dos fatores vitais para a sobrevivência das organizações?
4. Na sua opinião, o que é talento?
5. Como identificar e desenvolver talentos internos?

Capítulo 2

O Que É Agregar Pessoas?

Objetivos do Capítulo:

- Introduzir o programa de Planejamento;
- Recrutamento e Seleção de Pessoal;
- Mostrar a importância de utilizar as competências como catalisador de todos os macrossistemas de gestão de pessoas.

Empresas alcançam a verdadeira agilidade apenas quando cada função, escritório, estratégia, meta e processo — quando cada pessoa — é capaz e ávido para enfrentar os desafios.

Richard T. Pascale
Mark Millemann
Linda Gioja
Recursos humanos estratégicos

Agregar pessoas

Agregar pessoas é a atividade que "garante" que a organização mantenha sempre as pessoas certas, nos lugares certos e nos momentos certos. Isso quer dizer que a contratação deve levar em conta o aspecto dinâmico da organização, visto que a empresa deve ser flexível o suficiente para adequar sua estrutura para responder às demandas do mercado, o mesmo sendo verdadeiro para os profissionais que nela atuam.

Embora o fluxo do subsistema *agregar pessoas* não tenha sofrido modificações significativas durante muito tempo — continuamos recrutando, aplicando técnicas de seleção etc. — a forma como esse processo é desenvolvido deve ser aderente ao novo contexto descrito anteriormente. Agilidade de resposta não combina com processos muito extensos, requisitantes indecisos ou pouco preparados para contratar pessoas. Identificar, com a maior precisão possível, os profissionais certos para a empresa requer preparo tanto do profissional que conduz o processo quanto dos gestores que por ele são assessorados.

Os profissionais que atuam na contratação devem auxiliar o gestor a definir corretamente o perfil do profissional a ser contratado, identificar as competências e os prognosticadores de desempenho que deverão ser analisados, definir o prazo necessário para execução do processo e fazer o planejamento das etapas que deverão ser realizadas. Sugerir as ferramentas adequadas para análise dos candidatos e apoiar o requisitante no processo de entrevista e na escolha final completam o trabalho de assessoria.

Agregar pessoas consiste no planejamento, recrutamento, seleção e integração de pessoal

Comecemos por algumas definições básicas:

- **Planejamento de pessoal.** Atividade que procura estimar as necessidades futuras de pessoal, gerando diretrizes, sistemas e ações que permitam satisfazer essas necessidades no curto, médio e longo prazos, visando assegurar a realização das estratégias do negócio, dos objetivos da empresa e de sua continuidade sob condições de mudança. Se o planejamento não for feito, a missão do recrutamento interno é difi-

cultada pela falta de tempo hábil na preparação (desenvolvimento) do pessoal com potencial para a promoção.
- **Recrutamento.** Atividade de procura de candidatos para ocupar as vagas existentes. Fase extremamente importante que, se negligenciada, colocará em risco a seleção.
- **Seleção.** Atividade que identifica o candidato mais qualificado entre aqueles recrutados. Cabe ressaltar que a seleção não cria bons candidatos, apenas os identifica entre os recrutados. Se não existem bons candidatos às vagas é porque o recrutamento foi falho. A eficácia da seleção é diretamente proporcional à do recrutamento.

Se a empresa faz corretamente o planejamento de pessoal e o associa a programas de treinamento e desenvolvimento adequados, o processo de recrutamento e seleção é em muito simplificado, uma vez que o candidato à vaga é alguém que já trabalha na empresa em um cargo de nível inferior.

Assim, embora o objetivo deste livro seja abordar as questões ligadas à contratação de pessoas, não podemos deixar de visualizar essa atividade como um dos macrossistemas de *gestão de pessoas*.

Macrossistemas de gestão de pessoas

Os vários macrossistemas de gestão de pessoas se integram: Planejamento, Avaliação, Carreira, Participação, Apoio e Controle, conforme mostra a Figura 2.1.

Cada macrossistema é composto de programas específicos que permitem que a empresa faça uma boa gestão de pessoas e deve ter, como pano de fundo, as competências — tanto organizacionais quanto individuais — de maneira que exista consistência e coerência entre elas, e as atividades estejam atreladas a uma estratégia única. As competências são o elemento catalisador que mantém a relação de interdependência.

Há dependência direta dos demais macrossistemas nas atividades de recrutamento e seleção. A forma como estão estruturados os programas dos sistemas pertencentes a cada macrossistema deverá ter influência quanto a facilitar ou não o processo de contratação de pessoal.

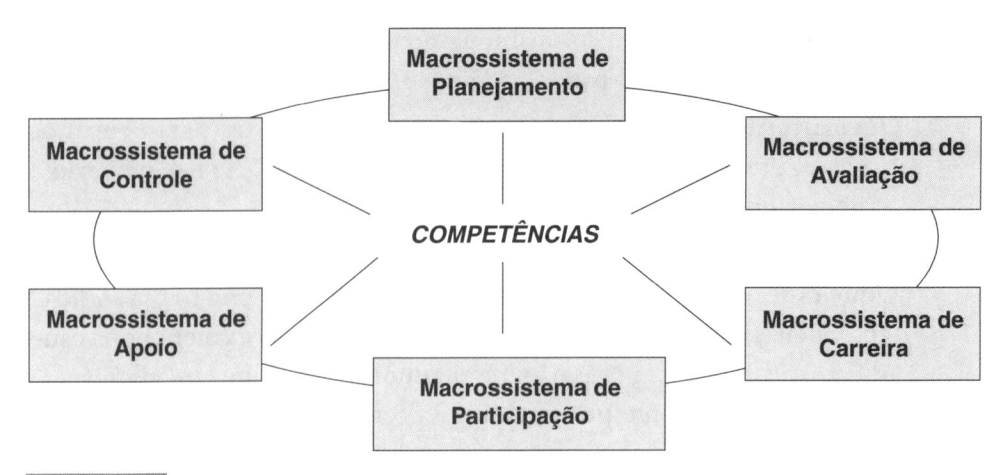

Figura 2.1 Macrossistemas de Gestão de Pessoas.

As atividades de planejamento, recrutamento e seleção de pessoal se inserem no macrossistema de planejamento. Não basta selecionar uma pessoa, ela deve passar por um programa de integração na organização; a realização de confronto do perfil do profissional com o perfil da posição que irá ocupar poderá gerar necessidades de treinamento.

O mesmo perfil de competências que permitirá definir qual o melhor candidato para determinada posição será então utilizado para identificar necessidades de treinamento, suportar o sistema de avaliação, de potencial e carreira, além de sinalizar, com maior objetividade, os parâmetros que deverão ser usados no sistema de participação.

O início desse trabalho se dá com a definição das exigências em termos de perfil profissional para o indivíduo na ocupação de um cargo na organização, que é verificado no programa de *análise de cargos* no macrossistema de carreira.

Se atrair e manter talentos é um dos grandes desafios da organização contemporânea, a implantação dos demais macrossistemas de gestão de pessoas deve ser feita com seriedade. Contudo, um sistema estruturado não garante a atração e manutenção de pessoas: é necessário que tais desafios estejam em consonância com as premissas de nosso tempo e sua gestão seja realizada exatamente como determinam as políticas definidas, que devem ser constantemente analisadas e revistas em função das freqüentes mudanças do contexto em que a organização está inserida.

Somem-se a isso algumas práticas organizacionais, como visão e missão da organização, planejamento estratégico claro e bem definido, clima organizacional positivo, processos éticos em relação às pessoas, clientes e fornecedores.

Hoje as empresas competem igualmente por clientes e bons profissionais. Isso implica que todas as organizações precisam estar cientes da importância de ter uma política de valorização do Homem, ter plano de carreira, sistemas justos de avaliação, treinamento e apoio ao funcionário.

Se essa visão não existir, o Homem, o único diferencial competitivo verdadeiro que uma empresa pode ter, será visto como mero recurso de produção: qualquer pessoa serve, não há necessidade de seleção; geralmente, a rotação de pessoal é alta, portanto, o Homem é contratado por pouco tempo. Se empresas com essa falta de visão parassem um pouco para elaborar os custos da rotação de pessoal, perceberiam os benefícios de uma *gestão de pessoas* mais eficaz.

Por outro lado, aquela que oferece um plano efetivo de gestão de pessoas consegue recrutar mais facilmente e manter pessoal mais qualificado, motivado e produtivo.

Agora e com você

1. No que consiste Agregar Pessoas em uma organização?
2. O que é um macrossistema de gestão de pessoas?
3. Qual a importância de definir competências para subsidiar os macrossistemas de gestão de pessoa?

Capítulo 3

Mapeamento de Competências

Objetivos do Capítulo:

- Conceituar competência;
- Verificar os desafios de trabalhar com competências;
- Mostrar como é a análise do cargo por competência;
- Verificar os indicadores e comportamentos-chave.

Certas tarefas somente podem ser desenvolvidas colaborativamente, e é loucura recrutar pessoas, ainda que muito talentosas, que sejam incapazes de trabalhar lado a lado em busca de uma meta comum.

Warren Bennis
Patricia Ward Biederman
Os gênios da organização

Uma breve introdução

A análise de cargos, um instrumento básico para vários programas da gestão de pessoas — administração de cargos e salários, plano de carreiras, avaliação de desempenho, treinamento — é essencial na atividade de recrutamento e seleção de pessoal.

Na **análise de cargos**, estudam-se as atribuições e responsabilidade dos cargos e, com base nesse estudo, são obtidas as descrições e especificações (requisitos) dos cargos.

A **descrição de cargos** fornece a relação sistematizada das atividades, com detalhes, que permitem a compreensão do que, como e por que é feita cada uma das tarefas.

A **especificação do cargo** contempla as condições exigidas do ocupante com relação à escolaridade, experiência, conhecimentos específicos, bem como estuda as responsabilidades do ocupante por erros, materiais, equipamentos, ferramentas, condições de trabalho, requisitos físicos etc. Assim, baseados na análise de cargos, podemos traçar o perfil dos candidatos a serem procurados.

A análise de cargos é o ponto de partida para que se componham quais as competências fundamentais para o bom desempenho naquele cargo.

Cabe aqui um parêntese para que a terminologia "competência" seja plenamente compreendida.

Afinal, o que é competência?

O conceito de **competência** existe desde o fim da Idade Média, restrito à linguagem jurídica, que reputava que uma corte, um tribunal ou uma pessoa era "competente" para realizar dado julgamento. Posteriormente, o termo passou a ser utilizado também para designar alguém capaz de pronunciar-se sobre certos assuntos. Com o tempo, começou-se a utilizar a expressão para qualificar pessoas capazes de realizar um trabalho bem feito.

Na época de Taylor, o conceito de competência estava ligado à necessidade de as empresas terem "trabalhadores eficientes". O princípio taylorista de seleção e treinamento de pessoas enfatizava o aperfeiçoamento das habilidades técnicas e específicas ao desempenho das tarefas operacionais do cargo.

Na atualidade, temos um conceito mais dinâmico, gerado pela evolução do mundo do trabalho. Aspectos como a transitoriedade do contexto, suas incertezas, e a necessidade das empresas serem mais flexíveis em suas operações fazem com que o componente afetivo e o caráter individualizante se incorporem ao conjunto de elementos que compõem a natureza da competência. Observa-se uma tendência convergente entre as diferentes abordagens, que aponta para a noção de competência, envolvendo as dimensões cognitiva, profissional e individual. De acordo com o Dicionário Aurélio (Ferreira, 1988), em sua segunda acepção, competência é a "qualidade de quem é capaz de apreciar e resolver certo assunto, fazer determinada coisa; capacidade, habilidade, aptidão, idoneidade".

Le Bortef vincula a competência ao fazer, ao realizar, à habilidade de concretizar uma ação. Parry observa que a competência é representada pelo conjunto de conhecimentos, habilidades e atitudes que interferem em grande parte do trabalho de uma pessoa e que definem o desempenho que ela apresenta em um trabalho. Esse mesmo conceito é apresentado por Afonso e Maria Tereza Fleury, que associa a competência à capacidade de entrega do indivíduo, ou seja, o que o indivíduo é capaz de fazer com o conhecimento que possui. Não basta conhecer, é necessário saber aplicar esse conhecimento nas mais variadas situações e contextos. Quanto maior essa capacidade, mais competente é um indivíduo.

Tomaremos como base os seguintes conceitos:

- **Conhecimentos.** Informações que a pessoa detém em áreas de conteúdo específico e o seu grau de profundidade. Significa o *saber*.
- **Habilidades.** Aptidão para desempenhar determinada tarefa física ou mental. O conhecimento por si só não garante bom desempenho, o importante é a capacidade da pessoa de colocar em prática esse conhecimento. O conhecimento de Matemática Financeira de nada adiantará se a pessoa não tiver habilidade analítica (processamento e organização dos dados, determinação de causa e efeito etc.). Significa o *saber fazer*.
- **Características Pessoais.** Ligadas às atitudes, que por sua vez são influenciadas pelos valores e crenças e auto-imagem, geram respostas consistentes para situações ou informações. Predizem o que a pessoa irá fazer no curto prazo. Significa o *querer fazer*.

A Figura 3.1 resume o conceito de competências.

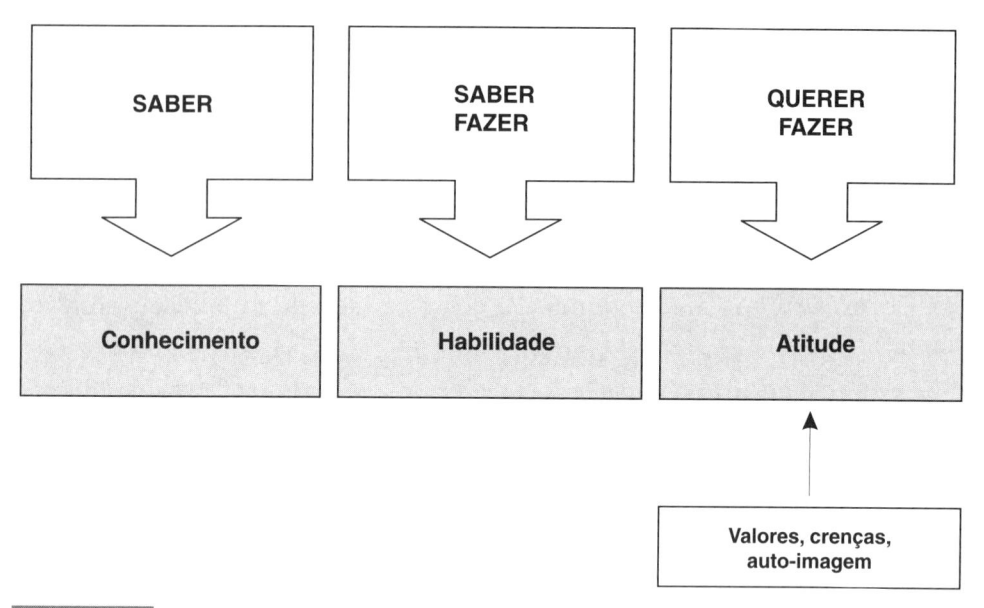

```
┌─────────┐      ┌─────────┐      ┌─────────┐
│  SABER  │      │  SABER  │      │ QUERER  │
│         │      │  FAZER  │      │  FAZER  │
└────┬────┘      └────┬────┘      └────┬────┘
     ▼                ▼                ▼
┌─────────────┐  ┌─────────────┐  ┌─────────────┐
│Conhecimento │  │ Habilidade  │  │   Atitude   │
└─────────────┘  └─────────────┘  └─────────────┘
                                        ▲
                                        │
                                 ┌──────────────┐
                                 │Valores, crenças,│
                                 │ auto-imagem  │
                                 └──────────────┘
```

Figura 3.1 Competências.

As competências dependem do tipo de função a ser exercida e do nível hierárquico ocupado na estrutura organizacional. Conhecimentos, habilidades e características pessoais vão se complementar, permitindo levantar um prognóstico mais sólido quanto ao valor que a pessoa irá agregar à organização, e não simplesmente qual será sua capacidade de executar tarefas.

De maneira bem simples, competência é traduzida em um comportamento observável, é algo que você pode ver, descrever e, por conseqüência, mensurar.

Os desafios de trabalhar com competências

Paul Green[1] aponta cinco grandes desafios ao se trabalhar com competências: participação dos gestores da organização para se desenvolver e implementar um sistema baseado em competências; cuidado com a criação de padrões de mensuração confiáveis; lidar com a insegurança que as pessoas sentem, gerada pela

---

1. Principal executivo da Behavioral Technology e autor do livro *Desenvolvendo competências consistentes*. São Paulo: Qualitymark, 2000.

medição objetiva que pode afetar sua vida na organização; a adequação das competências a cada cargo, uma vez que eles mudam rapidamente; e a despesa necessária para se desenvolver e manter os sistemas, que geram formulários específicos para cada cargo.

Daremos ênfase a três deles:

- **Participação.** É um fator crítico que as lideranças comprem a idéia de competências. Um envolvimento amplo permite que as definições e descrições de competências representem o que a organização pensa. A participação das lideranças na definição das competências gera o compromisso necessário para validar o sistema.
- **Mensuração.** Mensurar pede a definição de critérios confiáveis, compostos por evidências que validem toda a avaliação realizada. A competência só pode ser medida pelos comportamentos manifestos das pessoas; comportamentos podem ser observados, descritos e, portanto, mensurados como dito anteriormente.
- *Feedback* **coerente.** Como as competências são o pano de fundo para todos os macrossistemas de gestão de pessoas. Somente um sistema que suporte medição objetiva pode diminuir o impacto de avaliações subjetivas, que geram insegurança nos avaliados e nos avaliadores.

A definição da competência de um cargo deve estar intimamente relacionada às competências essenciais da organização, como mostra a Figura 3.2.

Análise do perfil do cargo com base em competências

Todos os cargos têm um perfil de competências técnicas e comportamentais:

- **Competências técnicas.** Conhecimentos e habilidades em técnicas ou funções específicas. Por exemplo: matemática financeira, inglês.
- **Competências comportamentais.** Atitudes e comportamentos compatíveis com as atividades a serem realizadas. Por exemplo: iniciativa, trabalho em equipe, gestão de conflitos.

```
        COMPETÊNCIAS ESSENCIAIS
           DA ORGANIZAÇÃO


          COMPETÊNCIAS DO CARGO
          Técnicas e Comportamentais
```

Figura 3.2 Interface entre as Competências do Cargo e da Organização.

Para analisar o cargo por competência, é necessário levantar os indicadores de competências, conceituá-las e definir os comportamentos-chave.

Levantamento dos indicadores de competências

Ao analisarmos o conteúdo da especificação de cargos, devemos trabalhar em parceria com o gestor, fazendo perguntas que ajudem a definir as competências:

- Quais os conhecimentos, as habilidades e as atitudes importantes para fazer esse trabalho?
- O que faz com que um candidato seja adequado para esse cargo? O que o torna inadequado?
- Quais os pontos críticos desse trabalho e quais habilidades o tornarão mais fácil?

As respostas a essas perguntas permitirão não somente definir de forma mais criteriosa o perfil, como também analisar quais ferramentas serão mais adequadas para encontrar a pessoa certa para aquela posição. Alguns outros indicadores de competência que deverão ser considerados: situações críticas e principais desafios do cargo, características de clientes internos e externos, cultura da equipe, estilo de liderança, cultura da empresa e valores da área requisitante.

Conhecimentos	N	B	D	Atividades	1	2	3
Leitura e interpretação de desenhos mecânicos		X		Efetuar manutenção em máquinas e equipamentos		X	
Leitura e interpretação de desenhos elétricos	X						
Hidráulica e pneumática		X					
Usinagem		X		Usinar peças		X	
Solda elétrica e oxiacetilênica		X		Soldar peças		X	
Lubrificação		X		Fazer lubrificação			X
Normas de segurança no trabalho		X		Cumprir com as normas de segurança do trabalho			X

Legenda Conhecimentos	Legenda Atividades
N – Noções – Faz sob orientação	1 – Faz sob orientação
B – Básico – Faz sozinho	2 – Faz sozinho
D – Domínio – Faz e orienta	3 – Faz e orienta

Figura 3.3 Mapeamento de Conhecimentos Técnicos e Atividades de um Cargo.

A análise, feita em conjunto com o gestor da área, deve levar em consideração o que realmente é necessário para a posição, o que poderá determinar um desempenho de acordo com o esperado ou um desempenho superior. A análise das competências deverá, ainda, levar em consideração as metas estratégicas do negócio/área.

A Figura 3.3 mostra um exemplo de mapeamento de conhecimentos técnicos e atividades de um cargo. A Figura 3.4 exemplifica um levantamento de indicadores de competências comportamentais com base em uma atividade que compõe a análise do cargo.

Cargo: Operador de telemarketing		
Atividade	Indicadores de competências	Competências
Atender reclamações de clientes	Ter bom relacionamento interpessoal Empatia Demonstrar atitude positiva Saber ouvir Argumentação assertiva Saber lidar com pessoas difíceis Gestão de conflitos	Relacionamento interpessoal
	Manter o equilíbrio em situações de pressão Administrar adequadamente a ansiedade Foco em resultados	Trabalhar sob pressão
	Saber ouvir Foco em resultados Demonstrar atitude positiva Persuasão Buscar consenso Procedimentos da empresa	Negociação

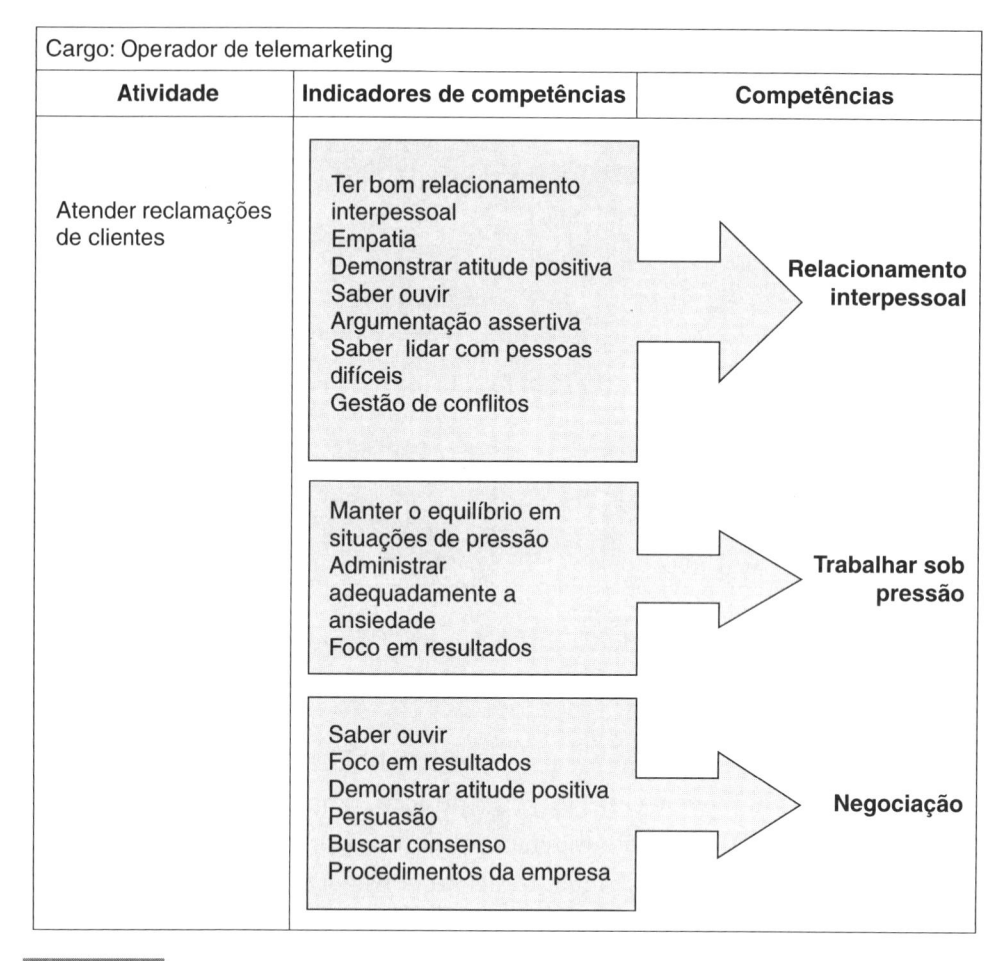

Figura 3.4 Exemplo de Indicadores de Competências Comportamentais com Base na Análise do Cargo.

Com base na análise dos dados levantados no exemplo da Figura 3.4, são aglutinados os aspectos que se complementam:

- Empatia, saber ouvir, atitude positiva, lidar com pessoas difíceis, argumentação assertiva e gestão de conflitos são todos fatores importantes para que a pessoa tenha uma competência chamada *relacionamento interpessoal*.
- Manter equilíbrio em situações de pressão, administrar adequadamente a ansiedade, foco em resultados são fatores da competência *trabalhar sob pressão*.

- Saber ouvir, foco em resultados, atitude positiva, persuasão, buscar consenso, procedimentos da empresa são fatores da competência *negociação*.

Assim, identificamos três competências comportamentais, fundamentais para o cargo em questão: relacionamento interpessoal, trabalhar sob pressão e negociação.

Conceituar as competências e definir comportamentos-chave

Após definir as **competências**, é necessário conceituá-las. Essa conceituação é imprescindível, pois servirá de parâmetro para todos os que fizerem uso daquela competência. Se perguntarmos para diferentes pessoas o que é *flexibilidade*, certamente teremos mais de um conceito, todos coerentes, embora distintos. Para uma pessoa, ele pode estar relacionado à flexibilidade de pensamento, ausência de rigidez de idéias. Para outra, pode estar relacionado a ter flexibilidade para adaptar-se a várias situações. O importante é que haja um conceito único, validado pela organização e de conhecimento de todos.

Esse conceito deverá permitir que aquela competência seja visualizada nas ações realizadas pela pessoa. A única evidência que permite avaliar se uma pessoa é competente ou não são as ações que ela efetivamente realizou em sua vida profissional.

A máxima da avaliação com foco na competência é que o comportamento passado permite prever o comportamento futuro. Isso porque o comportamento é algo que se pode ver, descrever e mensurar. Assim, cada competência, além de ser conceituada, deve ser desdobrada em **comportamentos-chave**, que descrevem exatamente o que pode ser visto ou ouvido quando uma competência está sendo utilizada.

Comportamentos-chave devem conter um verbo de ação em sua definição. Isso reduz muito o grau de subjetividade da avaliação, principalmente quando a competência for do tipo comportamental.

Paul Green alerta que a descrição desses comportamentos não deve:

- ser baseada em traços de personalidade (inferências sobre características internas);

- conter palavras abstratas;
- fazer referências a características, motivações, cognições e padrões de pensamento.

É até possível chegar a conclusões sobre as pessoas com descrições fundamentadas nos pontos anteriores, mas é preferível ancorar as conclusões e decisões em descrições das ações que são realizadas, em vez de percepções ou impressões. Palavras que expressam comportamentos fazem com que os critérios fiquem claros, unificam a compreensão das exigências do trabalho específico e possuem um sentido de imparcialidade com relação a como um desempenho deve ser avaliado.

No exemplo da Figura, 3.4, visto anteriormente, uma das competências definidas foi *negociação*. A partir da competência definida, buscam-se os comportamentos-chave.

Negociação: ser capaz de buscar consenso de forma que as partes envolvidas obtenham resultado.

Comportamentos-chave:

- ouve atentamente o ponto de vista do interlocutor, estabelecendo um clima favorável ao diálogo;
- identifica os pontos de divergência e convergência;
- persuade o interlocutor por meio de argumentos baseados nos aspectos relevantes ao resultado final;
- identifica e defende seus pontos de vista, porém avista as alternativas que sejam favoráveis às partes interessadas (ganha/ganha);
- obtém o consenso.

Quando o cargo é novo na estrutura organizacional, devem-se coletar as informações com os principais gestores da organização. Identificar, além das suas principais atribuições:

- qual é o objetivo daquele cargo, o que se pretende com sua criação;
- quais são seus maiores desafios.

Após algum tempo, é recomendável que esse perfil seja revisado e feitos os ajustes necessários.

O modelo ou ferramentas adotados para o levantamento das competências não deverão tentar incluir todas as atividades e habilidades. Uma boa opção é criar um modelo ou um conjunto de competências para cada grupo organizacional principal. Outra possibilidade é trabalhar com diferentes níveis de detalhe dentro de uma estrutura geral simples. Isso consistiria nos seguintes elementos:

- uma relação geral das competências potenciais para a organização como um todo;
- subconjuntos de tal relação com seis a oito competências para cada categoria de cargos;
- de quatro a seis frases que definam os comportamentos-chave para cada competência.

O processo de analisar os cargos por competências, substituindo a forma tradicional de análise de cargos permite maior compreensão de exigências pessoais, o que torna a dinâmica de planejamento, recrutamento e seleção de pessoal mais exata.

Além disso, o perfil do cargo deve levar em consideração os pré-requisitos necessários — grau de escolaridade, horário de trabalho, disponibilidade para viagens, necessidade de força física, proficiência em idiomas e outros fatores que, de imediato, restringem a participação de candidatos que não atendam a esses critérios

Agora e com você

1. Qual a importância de definir comportamentos-chave para uma competência?
2. O que é competência?
3. Por que trabalhar com competências representa um desafio para a organização?
4. Quais os passos para mapear as competências de um cargo?
5. Qual a importância de definir comportamentos-chave para uma competência?

Capítulo 4

Planejamento de Pessoal

Objetivos do Capítulo:

- Conceituar Planejamento de Pessoal;
- Apresentar a importância estratégica dessa atividade;
- Mostrar os pontos de relevância para que o Planejamento de Pessoal seja feito de forma adequada.

Há muita verdade no ditado que diz o seguinte:
todo praticante vivo é prisioneiro das idéias de um teórico morto.

Sumantra Ghoshal
Christopher A. Bartlett
Peter Moran
Administração no século XXI

Conceito

Esperar para encontrar pessoas capacitadas para preencher as vagas da organização pode levar a demoras desnecessárias e escolhas precipitadas. Isso não acontecerá se houver planejamento de pessoal. Segundo James W. Walther, "através do planejamento de recursos humanos, a administração se prepara para ter as pessoas certas, nos lugares certos, nas ocasiões certas, a fim de serem cumpridos tanto os objetivos organizacionais como os individuais" (WERTHER e DAVIS, 1983). O **planejamento de pessoal** visa estimar as necessidades futuras, as vagas que serão abertas, e detectar internamente na empresa pessoas com potencial para ocupar essas vagas.

A grande vantagem do planejamento é a de que a empresa pode agir antes do fato. O planejamento deve levar em consideração as competências fundamentais para a organização e para cada cargo nela existente, de maneira que as ações do RH sejam proativas. Quais competências são mais valorizadas no mercado e qual impacto isso terá na hora de contratar alguém? Quais esquemas de retenção deverão ser trabalhados para que a empresa não perca os profissionais cujas competências representam um diferencial para a organização?

Se um gerente vai aposentar-se dentro de dois anos, durante esse período há tempo de identificar um funcionário com capacidade para substituí-lo e treiná-lo, a fim de prepará-lo para a ocupação plena do cargo.

O **planejamento de pessoal** deve estar integrado com o **planejamento estratégico** da empresa, permitindo assim dimensionar a quantidade e a qualidade de pessoal exigida, como e quando isso pode ser assegurado, a fim de que os profissionais — que, no futuro, substituirão aqueles que hoje definem o destino da empresa — apresentem a competência e o desempenho necessários.

Precisamos buscar respostas para questões organizacionais que causam impacto no planejamento de pessoal, como:

- Qual o estágio tecnológico da empresa?
- Qual a especialização e quais as características específicas exigidas para seu negócio?
- Qual o tempo necessário para formar pessoas para os cargos críticos da empresa?

- Qual o interesse da empresa: desenvolver pessoas internamente ou trazê-las do mercado de trabalho?
- Caso o interesse da empresa seja desenvolver pessoas internamente, qual o tempo necessário para a preparação desses profissionais?

E questões voltadas às competências, que também causarão impacto no planejamento de pessoal:

- Existem pessoas com as competências necessárias no mercado de trabalho?
- Quais as mudanças organizacionais que vão ocorrer e em que elas afetam o rol de competências exigidas?

Além dessas questões, é necessário fazer uma análise da cultura da organização, verificando quais os fatores críticos de sucesso para que o plano seja bem-sucedido.

Um desses fatores é a cultura da organização. Ela determina relevantes aspectos, como o comportamento das lideranças, as reações das pessoas que nela trabalham, a forma de gerir pessoas (recursos ou parceiros?). Deal e Kennedy (1982) expõem bem a questão:

> "Quando as pessoas estão trabalhando há vários anos em uma organização, a cultura desta molda suas reações, e pode fazê-las profissionais vagarosos ou rápidos, gerentes duros ou amáveis, membros de grupos ou individualistas, e eles podem estar tão condicionados pela cultura a ponto de se desaperceberem disso (tradução nossa)."

A falta de conhecimento da cultura da organização ou a não-adaptação a ela de quem está chegando pode resultar em problemas. Uma pessoa que teve sucesso em uma organização pode não tê-lo em outra, devido às diferenças culturais. E somente isso já justificaria a necessidade de fazer o planejamento de pessoal para desenvolver funcionários internamente.

Para que o trabalho seja completo, são necessários outros instrumentos: análise de cargos, plano de cargos e carreira, avaliação de desempenho, avaliação de potencial e treinamento de pessoal.

Observados esses pontos, iniciamos a preparação do **Planejamento de Pessoal**, que é traduzido em vários benefícios para a organização:

- estruturar o processo seletivo com antecedência, visualizando os resultados a serem atingidos na contratação;
- manter um banco de dados atualizado sobre as principais posições, facilitando e agilizando a captação quando há uma necessidade emergente;
- traçar ações que permitam a tomada de decisão adequada, no momento em que se definir se será realizado o aproveitamento interno ou se irá buscar o profissional no mercado;
- buscar o profissional com perfil compatível ao desenvolvimento futuro da área ou com vistas ao seu aproveitamento futuro na empresa, o que significa que ele deve apresentar potencial para ir além do que a vaga em questão requer;
- realizar a previsão e controle dos investimentos, podendo decidir alterar a configuração dos cargos da área se for encontrado um profissional diferenciado.

Não realizar o **Planejamento de Pessoal**, especialmente para os níveis gerenciais e posições críticas para organização, pode trazer sérios problemas, dentre os quais:

- ter profissionais de baixo desempenho por falta de substituto;
- promoções inadequadas;
- desmotivação das pessoas internas por falta de perspectiva de crescimento;
- busca apressada no mercado por falta de visão da necessidade futura;
- demora em preencher determinada posição;
- impacto na estrutura salarial da empresa.

Para quem não sabe aonde vai, qualquer caminho serve

Vamos refletir sobre a atividade mais difícil do planejamento: prever as vagas futuras. Bohlanger, Snell e Sherman (2003, p. 68) discorrem sobre a importância e a dificuldade de prever vagas: "Prever é, freqüentemente, mais uma arte que uma ciência, fornecendo aproximações inexatas em vez de resultados absolutos. O ambiente em constante mudança que uma empresa opera contribui para esse problema".

Dificuldades à parte, o **Planejamento de Pessoal** permite trabalhar de maneira estratégica e pró-ativa. Muitas organizações não dão a devida atenção a essa atividade, e o resultado se faz sentir ao longo do tempo. Sem prever as vagas futuras, não há como planejar as necessidades de pessoal no curto, médio e longo prazo, gerando as conseqüências descritas anteriormente.

Existem várias técnicas que permitem fazer esse levantamento. Uma delas é realizada pelos gerentes, em conjunto com a área de Gestão de Pessoas. As estimativas são feitas com base nos planos organizacionais, fatos externos e rotação de pessoal.

As estimativas também podem ser realizadas com base nos planos organizacionais, levando-se em conta os planos estratégicos (taxa de crescimento da empresa, lançamento de novos produtos, instalação de novas linhas de produção ou de novas unidades industriais), planos e orçamentos da unidade, previsão de vendas e reorganizações internas que demandem necessidades de pessoal ou alterem os requisitos exigidos dos ocupantes do cargo.

Os fatos externos à empresa devem ser considerados na previsão das vagas. Questões econômicas exercem poderosa influência, e devem ser levadas em conta possíveis recessões, expansões ou estabilidade econômica, taxas de juros — altas podem levar à diminuição do investimento e baixas podem levar ao aumento dos investimentos da empresa. Fatos econômicos são tão importantes que influenciam até mesmo os planos organizacionais, alterando-os em pequeno espaço de tempo. Aspectos legais podem exercer influência nas previsões. Uma lei que altere o tempo de licença-maternidade pode implicar necessidade maior de mão-de-obra; uma lei que diminua o tempo para aposentadoria a determinada categoria de trabalhadores pode antecipar uma necessidade de substituição.

Por fim, devem ser analisados aspectos da rotação de pessoal, como aposentadoria, pedido de demissão, demissões, licenças, promoções e transferências.

Pronto! Agora já temos um caminho para começar a trilhar.

Existem pessoas internas?

Analisar o quadro de pessoas existente na empresa é uma importante etapa para que se possa realizar o planejamento de pessoal, pois, com base nessa análise, elabora-se o **plano de sucessão**. Uma vez previstas as vagas, analisa-se o desempenho e o potencial para identificar os possíveis candidatos.

A **avaliação de potencial** é como uma fotografia da capacitação do indivíduo, ou seja, da sua vivência profissional, seus conhecimentos atuais, sua preocupação com a aquisição de novos conhecimentos, habilidades e aptidões. Avaliará o conhecimento e sua perspectiva de aplicação, segundo as habilidades demonstradas.

A análise desses fatores permite que o superior faça um prognóstico quanto à possível carreira profissional futura do subordinado. A avaliação de potencial normalmente é efetuada pelo superior, mediante a análise do comportamento do subordinado quanto a determinados fatores:

- rapidez como aprende e desempenha novas tarefas;
- interesses por tipos de trabalho;
- interesses em aprender mais sobre seu trabalho e sobre outros;
- relacionamento com o grupo;
- escolaridade e interesses futuros em relação a treinamento;
- solução de problemas de trabalho sem auxílio da chefia;
- objetivos pessoais de curto e longo prazo e interesse com que persegue esses objetivos.

Após a referida análise, a avaliação é concluída em termos do enquadramento do subordinado em indicadores de potencial. Cabe ressaltar que essa análise, vista como uma fotografia da capacitação da pessoa, representa determinado momento e, portanto, é mutável ao longo do tempo. Para maior efetividade, a avaliação de potencial deve ser analisada com a **avaliação de desempenho** para a identificação dos talentos.

Esse trabalho resulta em um plano de ação que pode incluir treinamento, substituição, contratação, promoção, transferência e programa de melhoria de desempenho.

A Figura 4.1 exemplifica o resultado final dessa análise.

Atitude

+	Limitado à posição atual	Preparar	Pronto
+/−	Limitado à posição atual	Preparar	Preparar
−	Problema Insolúvel	Estudar o que fazer	Estudar o que fazer
	−	+/−	−

Conhecimentos + Habilidades

Figura 4.1 Possíveis Resultados da Análise de Desempenho e Potencial.

O funcionário que se encontre no quadrante "pronto", que apresenta as competências que a organização define como essenciais, representa o diferencial em termos de pessoas. Nesse quadrante, temos os talentos.

Por outro lado, temos três situações em que é necessário preparar o profissional, numa correlação direta com suas atitudes (disposição para) e seus conhecimentos e habilidades. Se a atitude for positiva, ele estará receptivo aos investimentos necessários para seu aprimoramento e essa, sem dúvida, seria a situação mais fácil de administrar.

Podemos ter pessoas que apresentam conhecimentos e habilidades dentro do desejado, mas cuja atitude é um tanto oscilante. Outras estarão enquadradas na zona mediana, tanto em relação aos conhecimentos/habilidades quanto às atitudes. O ponto crucial a ser identificado é o que causa essa oscilação na atitude: é um fator interno ou externo? Um fator externo importante é o papel que a liderança assume diante desse profissional e quanto de compreensão ela tem de suas necessidades, tanto as de conhecimento quanto as de incentivo.

Acreditamos que muitos talentos podem estar escondidos nos quadrantes que indicam necessidade de preparação. Verificar o direcionamento que vem sendo dado pode trazer as respostas de que necessitamos:

- Quais ações individuais estão sob controle do funcionário?
- Quais resultados de desempenho refletem as contribuições do indivíduo e quais refletem os sistemas de trabalho?
- Como é realizado o *feedback* para o funcionário?
- Quais as necessidades de treinamento, desenvolvimento, *coaching*?

Como abordado anteriormente, se a organização utilizar as competências como pano de fundo para seus subsistemas de RH, os critérios de mensuração serão mais objetivos e deverão contribuir para que o resultado das avaliações seja mais consistente, trazendo mais segurança para que o superior analise seus subordinados e formule o prognóstico quanto à sua perspectiva de carreira. Itens usados na avaliação de potencial e de desempenho terão um padrão único, do entendimento de todos, com descritivos que minimizam muito o grau de subjetividade das avaliações e que contribuirão para a credibilidade do trabalho.

Agora e com você

1. O que é Planejamento de Pessoal e qual sua importância para a organização?
2. Quais as ferramentas necessárias para se realizar o Planejamento de Pessoal?
3. Como a análise do pessoal existente na organização pode subsidiar o Planejamento de Pessoal?

Capítulo 5

Recrutamento de Pessoal

Objetivos do Capítulo:

- Conceituar Recrutamento de Pessoal;
- Apresentar as etapas do Recrutamento de Pessoal;
- Verificar as vantagens e desvantagens do recrutamento interno e externo;
- Apresentar as principais fontes de recrutamento.

Ambientes de alta performance atraem o talento de destaque. Os grandes talentos fluem para as empresas que oferecem melhores condições de trabalho.

Subir Chowdhury
A era do talento

Conceito

Após analisarmos detalhadamente o **perfil do cargo** (atividades, competências, comportamentos-chave e pré-requisitos), podemos passar para a etapa seguinte: o recrutamento.

A maioria dos autores considera **recrutamento** o meio de encontrar e atrair candidatos para as posições abertas na organização. Vejamos algumas conceituações:

Segundo Bohlanger, Snell e Shermam (2003, p. 76), o recrutamento é o "processo de localizar e incentivar candidatos potenciais a disputar vagas existentes ou previstas".

Para Daft (2005), significa "as atividades ou práticas que definem as características desejadas dos candidatos para os empregos específicos".

De acordo com Toledo e Milione (1983), é o "processo de busca e atração de mão-de-obra para a organização, procurando prover o número adequado de candidatos para as posições em aberto".

Para Werther e Davis (1983), "é o processo de encontrar e atrair candidatos capazes para solicitação de emprego".

Chiavenato (1983) afirma que "é um conjunto de procedimentos que visa atrair candidatos potencialmente qualificados e capazes de ocupar cargos dentro da organização".

Se **recrutamento** é um processo de "atração de mão-de-obra", quanto melhor for a imagem de uma empresa, maior será sua facilidade no recrutamento externo. Associar a isso aspectos como remuneração oferecida, carreira, segurança etc., conforme já visto, levará a empresa a ter maior facilidade na disputa pelos melhores profissionais do mercado de trabalho.

É basicamente um sistema de informação, por meio do qual a organização divulga oportunidades de emprego que pretende preencher. Para ser eficaz, o recrutamento deve atrair um contingente suficiente para abastecer adequadamente o processo de seleção, e isso só é possível quando a análise de perfil foi feita corretamente. Caso contrário, teremos candidatos que não atenderão às necessidades da posição, o que, possivelmente, só será detectado na etapa que envolve a entrevista com o requisitante. O resultado prático é que teremos de reiniciar o processo e aumentarmos o tempo necessário para atender à solicitação.

Os pontos positivos da empresa devem ser ressaltados, de modo que ela passe a ser conhecida por essa imagem positiva. É como uma campanha de marketing, no lançamento de novo produto: temos de, pelo recrutamento externo, despertar nos profissionais o interesse de candidatar-se às nossas vagas. Assim, o recrutamento não deve ser considerado uma atividade passiva de apenas esperar na empresa candidatos, mas sim uma atividade muito ativa, de atrair e despertar o interesse de possíveis candidatos às nossas vagas. Voltamos a lembrar que somente podemos realizar uma boa seleção caso tenhamos bons candidatos. O sucesso da seleção é traduzido pelo sucesso do recrutamento.

Fontes de recrutamento

São duas as *fontes de recrutamento*: a interna e a externa. Por meio da interna, os candidatos são recrutados na própria empresa e, mediante a externa, os candidatos são recrutados no mercado de trabalho.

Ao realizarmos o recrutamento, devemos identificar as fontes supridoras de mão-de-obra que atendam às necessidades da organização e nelas concentrarmos os esforços.

A boa fonte apresenta uma relação positiva entre quantidade e qualidade dos candidatos, além de diminuir o tempo de recrutamento e, por conseqüência, os custos operacionais.

Se a empresa deseja atrair e preservar talentos, é importante que priorize o **recrutamento interno**, e somente depois de realizado, não existindo potenciais candidatos internos, vá ao mercado externo para buscar profissionais. Cabe ressaltar que não é adequado concentrar todas as posições para movimentações internas. Se feito de maneira intensa, perde-se a oportunidade de oxigenar a organização. Outro aspecto relevante é que, em alguns casos, a empresa precisa trazer uma competência de fora, pelo fato dela não existir internamente ou ainda porque não há tempo hábil para preparar alguém.

A Figura 5.1 resume as principais fontes de recrutamento.

Principais Fontes de Recrutamento	
Do empregador	• apresentação espontânea de currículos • por meio de funcionários • anúncios • estágios • *network* (rede de contato)
Instituições	• escolas (faculdades e técnicas) • associações governamentais • órgãos trabalhistas • entidades de classe
Encaminhamento	• agências (efetivos e temporários) • *head-hunter*
Outros	• intercâmbio com outras empresas • casa aberta • estágio • feiras de emprego (*job fair*) • Internet

Figura 5.1 Principais Fontes de Recrutamento.

Recrutamento interno

Recrutamento interno é o preenchimento das vagas por meio da promoção ou transferência de funcionários da organização. É a valorização das pessoas que atuam na organização.

Quando o Planejamento de Pessoal é realizado, o recrutamento interno representa a prática do plano de sucessão discutido anteriormente. Uma vez que identificarmos os candidatos potenciais, saberemos se eles apresentam todas as competências presentes ou, caso contrário, quais são os planos de treinamento e desenvolvimento e quanto tempo será necessário para elevá-las ao patamar desejado.

Embora o Planejamento de Pessoal seja eficaz para se fazer o recrutamento interno, qual é a nossa visão sobre as práticas de muitas empresas, que vêm realizando movimentações internas sem essa ferramenta?

O que é mais adequado? Abrir a vaga para todos? Fazer uma busca no banco de dados de funcionários e identificar os que têm o perfil inicial que os torna candidatos potenciais, conversar com a chefia atual para verificar a viabilidade de sua participação e só depois inseri-los no processo? A empresa tem uma cultura que facilite esse processo?

Acreditamos que a inexistência do Planejamento de Pessoal não invalida a possibilidade de realizar movimentações internas. Algumas empresas têm procedimentos claros e divulgados para toda a organização. Divulgam as vagas por meio de quadros de aviso ou via Intranet, as pessoas interessadas se inscrevem e ingressam em um processo seletivo criterioso. Os candidatos recebem *feedback* sobre sua *performance* no processo e orientações sobre pontos fortes de seu perfil e pontos que devem ser aprimorados. Embora os funcionários que não foram escolhidos tenham uma certa decepção, saem do processo fortalecidos e convictos de que o processo foi justo. Não podemos negar a seriedade e a validade desse trabalho.

Cabe ressaltar que algumas práticas colocam em descrédito esse processo. Uma delas é abrir a vaga somente para "cumprir tabela" — o requisitante já tem um candidato em vista e, depois de todos que se candidataram passarem por todas as etapas da seleção, o requisitante fica com seu "candidato preferencial".

Algumas empresas abrem, simultaneamente, recrutamento interno e externo. Se as regras do jogo forem claras para todos, isso não representa um problema.

Observamos, contudo, que as empresas bem-sucedidas no recrutamento misto são aquelas que, nas suas práticas de gestão de pessoas, incentivam o desenvolvimento profissional de seus funcionários e os levam efetivamente a se apropriarem de suas carreiras e se manterem competitivos no mercado de trabalho.

Contudo, temos convicção de que o Planejamento de Pessoal, associado a um banco de dados que contenha todas as informações sobre o perfil de competências dos cargos e dos funcionários, ainda é a forma mais eficaz de fazer movimentações internas.

Vantagens do recrutamento interno

O *recrutamento interno* traz para a organização uma série de vantagens. A primeira, e talvez a mais importante: com a política de valorização dos profissionais, há elevação do moral interno. É o reconhecimento que a companhia faz aos funcionários que estão aprimorando seus conhecimentos, aumentando suas capacitações e têm desempenhado bem suas tarefas atuais.

Quando as organizações optam pelo recrutamento interno, cometendo justiça no processo, ou seja, escolhendo profissionais capazes e com bons desempenhos, estimulam os demais na busca da excelência.

A seleção interna pode ser coroada de êxito, uma vez que a empresa conhece o desempenho e o potencial de seus profissionais. A estimativa de que o profissional escolhido venha a desempenhar bem seu novo cargo estará praticamente garantida, quando são feitas sistematicamente avaliações de potencial e planejamento de pessoal, já que as pessoas são preparadas previamente para os cargos da carreira. A contratação do melhor candidato externo não garante que o seu desempenho seja bom, visto que uma série de variáveis, ligadas a sua adaptação à empresa, exerce poderosa influência sobre seu desempenho, o que provavelmente deve acontecer em menor grau com o recrutado internamente.

É comum ocorrer, com a contratação externa, problemas de adaptação do novo funcionário à cultura da organização. O funcionário contratado externamente traz consigo uma série de valores profissionais, métodos de trabalho, estilos de liderança, crenças, que, às vezes, se chocam com aqueles preconizados pela organização. Isso, com certeza, não acontece com os recrutados internamente.

O *recrutamento interno* traz outras vantagens. O tempo de ambientação do funcionário é menor em relação ao do contratado externamente. É também mais rápido e econômico o processo de recrutamento interno em relação ao externo. O aparente custo com o treinamento, para aumento da capacitação dos profissionais da organização é plenamente compensado com a redução dos custos com recrutamento, seleção e integração dos profissionais recrutados externamente, além, é claro, dos possíveis lucros com aumento de produtividade e motivação, em conseqüência do moral elevado. A certeza do crescimento profissional traz vantagens incalculáveis. E, finalmente, como a última das principais vantagens, o recrutamento interno promove um espírito de autodesenvolvimento.

Verificando todas as vantagens expostas, podemos argumentar que é mais interessante para a organização o recrutamento interno do que o externo. Nesse caso, a empresa recrutaria profissionais *trainees* e os desenvolveria para cargos mais elevados. Os argumentos contrários ao recrutamento interno são os de que não há renovação de idéias na empresa. A renovação de idéias pode ser conseguida pela participação dos funcionários em seminários externos ou pela contratação de consultores externos em determinadas áreas da empresa, para elaboração de projetos novos, para os quais a organização não disponha de *know-how*.

Não estamos querendo dizer com isso que a empresa não deva contratar nunca um profissional externo. O que efetivamente não pode acontecer é uma situação de contratação externa superior ao recrutamento interno em postos elevados da organização. Talvez o ideal fosse que o preenchimento das vagas desses postos não excedesse a 10% de pessoal externo.

Outro importante argumento contrário é o da Lei de Peter, baseada na movimentação sem critério e que pode elevar uma pessoa a uma posição em que venha a atingir o limite de sua incompetência, pelo simples fato de não verificar corretamente se o profissional escolhido tem o perfil adequado para a nova posição. Certamente muitas empresas já foram vítimas dessa Lei. Quem já não ouviu dizer "perdemos um grande técnico, mas não ganhamos um bom líder", referindo-se a promoção de pessoas para posições de liderança simplesmente porque apresentam grande capacidade técnica.

Por meio do Planejamento de Pessoal haverá a preparação dos candidatos previamente aos cargos futuros. A análise de cargos permite que as pessoas tenham conhecimento antecipado das exigências do cargo que pretendam ocupar em sua trajetória de carreira e se preparem, aumentando sua capacitação profissional. A política salarial permitirá justiça na fixação do percentual de aumento a ser concedido ao promovido, já que define um critério único para a promoção com justiça e recompensa os esforços individuais por desempenho e aumento da capacitação. O plano de carreiras permite que o funcionário vislumbre suas oportunidades de crescimento na empresa. Ele é o instrumento que define as trajetórias de carreiras existentes na organização, sem ele torna-se difícil a consolidação do crescimento profissional. Por fim, o programa de treinamento visa melhorar a capacitação do empregado, preparando-o para ocupar postos mais importantes. Quando tudo isso funciona, o recrutamento interno é bem-sucedido.

Recrutamento externo

Um bom cadastro de candidatos é fundamental para o sucesso do **recrutamento externo;** no entanto, não significa um grande número de fichas de inscrição ou currículos arquivados, mas sim currículos ou fichas de candidatos que possuam a qualificação necessária para o preenchimento de possíveis cargos que poderão ser abertos no futuro. Portanto, nunca se deve arquivar um currículo ou ficha sem antes terem sido analisados — tal procedimento só faz aumentar o arquivo e gerar maior trabalho na seleção —, também não se deve manter um arquivo desatualizado.

Outro ponto importante, apesar de óbvio, é a organização do arquivo, que deve permitir fácil acesso a quem procura um possível candidato.

As empresas que possuem página na Internet podem optar por incluir um ícone para que possíveis candidatos interessados em trabalhar na empresa possam enviar seu currículo. As melhores práticas mostram que o mais indicado é que o interessado preencha um formulário pré-formatado, com os campos que são relevantes para a triagem no momento da busca.

Currículos enviados em formato *Word* dificultam tanto a indexação quanto a triagem.

Vantagens do recrutamento externo

Ao analisarmos o perfil do cargo, buscamos profissionais que tenham em seu perfil as competências indispensáveis para uma boa *performance*.

Conforme vimos, a primeira opção no recrutamento deve consistir no aproveitamento dos funcionários que já trabalham na empresa. No entanto, o recrutamento externo também tem vantagens, principalmente no tocante à renovação de idéias. É positiva a entrada de novos profissionais para trazer idéias renovadoras à organização. Outra vantagem reside no fato de que, muitas vezes, os funcionários detêm potencial para ocupar novo cargo, mas não a experiência requerida, o que pode ser obtido pelo recrutamento externo. Quando uma empresa inicia nova área, a contratação externa poderá ser a melhor opção. É verdade que é mais fácil contratar alguém já formado no mercado do que formar um profissional na própria empresa; no entanto, a opção pelo recrutamento externo pode resultar em prejuízos para o moral e a cultura da organização e, por isso, recomendamos que tal opção, no preenchimento de vagas em níveis mais elevados, não seja constante.

Quando decidimos pelo recrutamento externo, podemos utilizar diversas fontes, conforme veremos. Contudo, ao realizarmos o recrutamento, podemos nos deparar com alguns pontos críticos, por exemplo, existir mais oportunidades de trabalho do que mão-de-obra disponível. A Figura 5.2 identifica as principais situações e estratégias possíveis de serem desenvolvidas.

Como escolher a fonte?

1. Pesquise o mercado/região, identificando os possíveis locais de recrutamento:
   - Quais possibilidades o local me oferece?
   - Onde posso identificar os profissionais?
   - Existem agências? Universidades? Contatos específicos?
2. Defina as fontes:
   - Quais as fontes mais adequadas para a posição a ser contratada?
   - Existem fontes que ainda não utilizei?
   - Tenho um bom aproveitamento dos candidatos vindos dessas fontes?
3. Divulgue:
   - Qual a melhor forma de divulgar as vagas e atrair candidatos?
     - UNIVERSIDADE: colocar um cartaz ou fazer uma palestra? Se a empresa tiver boa imagem na universidade, um cartaz apenas será o suficiente. Caso contrário, uma palestra será mais eficaz.
     - ANÚNCIO: rádio ou jornal? Em muitas cidades, mais pessoas ouvem rádio do que lêem jornal. Dependendo do local, anunciar em jornal vai representar um custo sem retorno.
   - A forma de divulgação está coerente com a imagem e os valores da empresa?

Se a fonte for boa supridora de candidatos potenciais, teremos um bom número de aprovados na entrevista.

Situações	Conseqüências	Estratégias Possíveis
Oferta de trabalho maior que a procura:	Forte concorrência entre as empresas do mesmo segmento. Elevados investimentos em recrutamento. Número insuficiente de candidatos. Candidatos abaixo do padrão de qualidade desejado. Possível distorção na estrutura salarial da empresa.	Critérios de seleção mais flexíveis. Investir em treinamento. Investir em benefícios e/ou outras formas de retenção.
Oferta de trabalho menor que a procura:	Grande número de candidatos espontâneos. Quantidade não representa necessariamente qualidade. Posições com qualificações muito específicas exigem mesmo esforço de quando a oferta é maior que a procura.	Formar cadastro com os melhores candidatos. Investir na formação de mão-de-obra com perfil mais técnico.
Gestor superdimensiona ou subdimensiona a posição:	**Posição superdimensionada:** Requisitos que não são efetivamente relevantes. Dificuldade em encontrar a pessoa no mercado, segundo os parâmetros de remuneração oferecidos. Frustração do candidato contratado (por exemplo: exigência de inglês quando ele jamais será utilizado no dia-a-dia). **Posição subdimensionada:** Candidatos recrutados não atendem às necessidades da posição. • Investimento de tempo sem retorno.	Observar, criteriosamente, qual o perfil adequado.

Figura 5.2 Principais Situações de Mercado e Principais Estratégias de Recrutamento.

Apresentação espontânea

A *apresentação espontânea* trata da procura por parte do candidato, independentemente de qualquer chamada da empresa.

Na ocasião em que o candidato apresentar-se na empresa, é solicitado o preenchimento da ficha de Inscrição, e, se não houver vagas naquele momento, a ficha, após análise, será arquivada para futuras consultas. Havendo tempo disponível, por parte da equipe de Recrutamento e Seleção, é interessante uma entrevista rápida com o candidato, para melhor análise do seu potencial.

Recrutamento por meio de funcionários

O *recrutamento por meio de funcionários* é a divulgação da vaga existente entre os funcionários para que eles apresentem conhecidos para que se candidatem. Os funcionários passam a ser co-responsáveis pelo processo de recrutamento.

As grandes vantagens da utilização desta fonte são os custos, rapidez e co-participação dos empregados. Nada custa à empresa solicitar que seus funcionários apresentem conhecidos. Para que essa fonte seja positiva, é preciso que, na divulgação, seja discriminada detalhadamente a descrição e a especificação do cargo, para evitar que o funcionário, por desconhecer os requisitos do cargo, fique descontente com a área de Recrutamento e Seleção por algum apresentado seu não ingressar na companhia. Ou seja, deve-se frisar que os recrutados irão participar do processo de seleção.

Uma crítica muito comum feita a essa fonte é que os funcionários apresentam seus parentes para ingressar na empresa. O problema aqui não é da fonte de recrutamento, mas da falta de conhecimento do empregado da política da companhia. O ingresso, ou não, de parentes de funcionários é política da empresa que, além de definida, deve ser do conhecimento de todos. Uma forma positiva de usar essa técnica é, independentemente da existência de vagas, estimular a apresentação de conhecidos, cujos currículos ou fichas de inscrição são arquivados para consultas posteriores. Essa técnica elimina a ansiedade gerada no funcionário, na época da apresentação, uma vez que a vaga não existe no momento. Quando surge a vaga, o cadastro é consultado e são chamados os candidatos que possuam os requisitos exigidos.

Intercâmbio com outras empresas

O *intercâmbio com outras empresas* é uma fonte muito utilizada por empresas de uma mesma região geográfica, trata-se da ajuda mútua entre empresas, ou seja, da troca de currículos/fichas de inscrição do cadastro de candidatos. Surgindo a vaga, a empresa solicita fichas ou currículos do cadastro das empresas que participam do *pool* de trocas. Deve-se tomar o cuidado de não fornecer fichas ou currículos de candidatos que solicitaram confidencialidade do seu pedido de emprego a outras empresas.

Para que o processo funcione bem, é necessário honestidade entre os participantes do *pool*, para que sejam trocadas fichas ou currículos de bons candidatos, e rapidez no atendimento da solicitação.

Anúncios classificados em jornais

Os ***classificados em jornais*** foram, por muito tempo, um dos meios de recrutamento mais utilizados pelas organizações. Se antes era um veículo cujo retorno trazia um bom percentual de candidatos aproveitáveis, hoje essa situação não se mostra necessariamente verdadeira. Anúncios nos principais jornais do País custam caro e devem ser utilizados somente quando a vaga em questão justificar o investimento. Caso contrário, pode gerar uma avalanche de currículos, tomar o tempo do RH em uma atividade de análise que não será revertida em um bom resultado.

Quando a posição em questão justifica o anúncio, ele deve ser estimulante o suficiente para que os profissionais-alvo se interessem pela oferta e se candidatem. Para que isso aconteça, alguns aspectos devem ser observados:

- escolha do jornal;
- anúncio aberto ou fechado;
- dia da semana;
- marketing;
- título do cargo;
- descrição sucinta dos requisitos básicos do cargo;
- condições oferecidas;
- apresentação do candidato.

Classificados em revistas

Os ***classificados em revistas*** seguem a mesma metodologia explicada anteriormente. Embora seja mais comum para vagas técnicas, cuja habilitação é feita em revistas especializadas lidas por esses profissionais, outras revistas de circulação específica para alguns públicos têm sido usadas para posições mais estratégicas.

O tempo empregado é maior que o do jornal, visto que, em geral, a circulação desses veículos é quinzenal ou mensal e o prazo exigido por eles antes da publicação é maior.

Anúncios em outras mídias

Rádio, televisão, folhetos distribuídos em rua, são formas de **anúncios em outras mídias** e usados mais raramente, uma vez que os resultados não justificam as despesas. Para seu uso, no entanto, pode ser observado critério semelhante, para a redação do texto, ao dos anúncios em jornais e revistas.

Recrutamento em escolas

O *recrutamento em escolas* é uma excelente opção, principalmente pelas empresas que preferem treinar jovens funcionários. As escolas podem ser utilizadas no recrutamento de candidatos para diversas vagas na organização: estagiários, administrativos, técnicos e média gerência. Sem dúvida é a primeira opção para recrutamento de estagiários de nível técnico ou universitário, com a vantagem de a empresa selecionar a escola desejada.

A escola pode ser boa opção para o recrutamento de pessoal de nível administrativo quando a exigência do cargo for a de curso universitário incompleto.

Para o recrutamento de técnicos, utilizam-se as escolas de nível técnico. Para o de profissionais de média gerência, uma boa opção são as escolas que mantêm cursos de especialização e pós-graduação.

A empresa, para usar esta fonte, coloca um anúncio (cartaz) nas escolas desejadas, que podem seguir a técnica abordada para os classificados em jornais. Normalmente, as escolas mantêm órgãos responsáveis para o recebimento e inserção dos cartazes em locais apropriados. Mantêm também setores que cuidam de estágios para os estudantes nas empresas.

Uma opção para o recrutamento em escolas, pouco utilizada pelas empresas, é o contato com professores, que podem indicar seus melhores alunos.

Casa aberta

Casa aberta é uma técnica de recrutamento apresentada por Werther e Davis (1983). Segundo esses autores, "as pessoas na comunidade adjacente são convidadas a ver as instalações da empresa [...] e talvez assistir a um filme a respeito da empresa". Por exemplo, a empresa deseja contratar recém-formados de certa universidade. Convida estudantes do último ano para visitar as suas instalações, oferece a eles um almoço e, ao final, pergunta se alguém gostaria de preencher uma ficha de solicitação de emprego. Outro exemplo de aplicação desta fonte nos foi narrado por um empresário de Curitiba. Ele colocou anúncio em jornal oferecendo bolsas de estudo (totalmente gratuitas) para um curso de técnico de laboratório de certa especialidade que sua empresa tinha dificuldades de encontrar no mercado. Preencheu todas as vagas do curso e, por fim, perguntou se alguém gostaria de trabalhar na sua empresa. Ele não só fez o recrutamento, como também a seleção.

Casa aberta é uma técnica interessante, que condiz com a nossa definição de recrutamento: a de incentivar pessoas a se candidatarem a vagas da organização.

Internet

O uso da **Internet** consiste na criação, no *site* da empresa, de um campo que possibilite às pessoas o cadastro em processos de recrutamento. Existem várias possibilidades na utilização da Internet. Uma delas é a de manter aberto o processo de inscrição independentemente da existência de vagas. Tal modalidade funciona da mesma forma que a apresentação espontânea, e o processo é eletrônico. Esta é a melhor forma, porquanto a empresa receberá constantemente ofertas de candidatos, mantendo atualizado seu cadastro de recrutamento.

Outra modalidade é a de anunciar no *site* as vagas abertas, restringindo o cadastramento de pessoas que não preencham o perfil desejado. Há, ainda, a modalidade que consiste em integrar a Internet a outra mídia. Nesse caso, a empresa faz o anúncio de vagas em uma mídia, por exemplo, o jornal, com a indicação de que o cadastramento deve ser efetuado pela Internet. Assim, a Internet substitui o envio do currículo ou do perfil pelo correio, o que permite maior rapidez no processo.

Por meio da Internet, o candidato pode enviar um currículo ou preencher um perfil previamente estipulado. Isso depende da configuração do *site* da empresa.

A utilização da Internet traz grandes vantagens ao processo de recrutamento, pela sua rapidez e economia, além do que as informações, por serem eletrônicas, podem abastecer o banco de dados de recrutamento de forma direta, exigindo um mínimo de manuseio.

As empresas de recolocação que disponibilizam currículos pela Internet também contribuem para agilizar o processo de busca. Por outro lado, a identificação de candidatos pela rede traz a desvantagem de exigir bastante tempo de pesquisa, porque nem todos os *sites* que disponibilizam currículos *on-line* estão adequadamente montados para uma busca rápida e eficaz.

Feira de empregos (*job fair*)

Existem duas possibilidades de utilização da fonte de recrutamento — ***job fair***. A empresa pode participar de uma feira de empregos patrocinada por determinada entidade, por exemplo, uma escola ou associação de empresas, ou bancar uma feira de empregos. A feira de empregos é um evento único e exige muita divulgação para que se alcancem os resultados desejados. Quando a empresa participa de um evento deste tipo, patrocinado por outra entidade, normalmente ela compra um estande e recebe currículos de candidatos interessados, para posterior processo de seleção. Quando a empresa banca uma feira de empregos, o ideal é que em um único dia seja feito todo o processo — o de recrutamento e seleção — e o candidato aprovado saia da feira com uma proposta de emprego.

Esta modalidade exige muita organização e o envolvimento de um grande número de profissionais da empresa no processo: recepcionistas, pessoas que vão executar a pré-seleção, a seleção e a aprovação final. Feira de empregos é uma modalidade de recrutamento externo nova no Brasil.

Recrutamento em entidades governamentais

O governo mantém um órgão — Sistema Nacional de Empregos, Sine — que pode ser utilizado pelas empresas como fonte de recrutamento. Esta é uma fonte de recrutamento em ***entidades governamentais***. Existem similares em alguns sindicatos. A existência desses órgãos é uma forma assistencial, por parte do governo e sindicatos, de ajudar aos que procuram emprego.

É uma fonte interessante que pode e deve ser utilizada para recrutamento de cargos operacionais.

Placa na portaria da empresa

Placa na portaria da empresa é a forma mais simples de recrutamento. Consiste em colocar um painel, em lugar visível ao público externo, próximo à portaria da empresa, contendo as vagas existentes. É mais aplicável para recrutamento de pessoal para vagas operacionais nas indústrias e tem-se mostrado eficaz no segmento do comércio.

Pode, contudo, gerar um fluxo de candidatos superior à capacidade de atendimento da empresa, se a oferta de mão-de-obra for muito grande em função de contingências do mercado. Pode, ainda, não trazer um bom resultado se a empresa estiver localizada em um ponto geográfico de difícil acesso.

Recrutamento em associações científicas

Segue a mesma metodologia do recrutamento nas escolas e é aplicável para o preenchimento de cargos técnicos. É uma fonte pouco usada pelas empresas. Uma forma positiva de utilizá-lo é por meio de representantes das empresas que, em reuniões entre os membros da Associação, tentam obter nomes de possíveis candidatos.

Agências de emprego

Podemos distinguir três tipos de *agências* que atuam nos grandes centros urbanos. No Brasil, denominaremos: *tradicionais, consultorias para pessoas* e *consultorias para empresas (headhunter)*.

As **agências** que chamamos de **tradicionais** são as que mais se ocupam com o recrutamento de pessoal operacional, administrativo e técnico de nível médio. Normalmente, a qualidade do trabalho oferecido por essas agências é média; cobram uma taxa, por ocasião do aceite do candidato pela empresa, que varia entre 80% e 100% do seu salário inicial. Em geral, é dada uma garantia do serviço executado e, no caso da não-aceitação do candidato, após o período de experiência, a agência compromete-se a oferecer candidatos substitutos. Essas agências prestam também serviços de funcionários temporários. É uma boa opção, sobretudo para pequenas e médias empresas que não podem ter um departamento para cuidar exclusivamente do recrutamento e seleção de pessoal.

As **agências** que denominamos **consultorias para pessoas** prestam serviços para aquelas que buscam novo emprego. Comumente, essas empresas preparam os currículos dos candidatos — por sinal pouco pessoais e muito padronizados, mas com ótima apresentação e contendo vocabulário rico e "agressivo" — e fazem um trabalho de mala-direta para envia-los. Quando a empresa deseja conhecer o candidato, telefona para ele ou para a agência (alguns currículos trazem o telefone apenas da agência) e, se o contratar, nada pagará pelo serviço, uma vez que o custo é pago pela pessoa.

Regularmente, as agências cobram um salário de efetivação do candidato, sendo 50% adiantados e o restante por ocasião do encontro do novo emprego, não havendo garantia do emprego para quem o procura. Algumas consultorias chegam a ministrar cursos para os candidatos de como se sair bem em entrevistas. Esta é uma opção interessante para a empresa, visto que não há custo envolvido. O único trabalho é o de examinar previamente os currículos, para não guardar aqueles que nunca servirão para a organização. É importante, também, uma análise mais detalhada dos currículos, já que eles apresentam excelente redação mercadológica e procuram esconder pontos negativos dos candidatos. Deve-se tomar o mesmo cuidado durante as entrevistas com esses candidatos, tendo em vista que muitos foram preparados previamente.

Headhunter

Os **headhunters** (caçadores de cabeça), prestam serviços de alto nível e atuam, principalmente, no recrutamento de executivos. Esse tipo de trabalho é contratado pelas organizações que buscam profissionais escassos no mercado de trabalho; quando não podem divulgar a existência de sua vaga; quando os prováveis candidatos trabalham para empresas concorrentes, tornando-se difícil a abordagem direta destes profissionais; ou quando a empresa situa-se em local diferente daquele onde trabalham os possíveis candidatos.

O custo do serviço, cobrado por essas empresas, situa-se entre 20% e 30% do salário anual do candidato admitido. É, sem dúvida, um custo alto, porém condizente com o trabalho oferecido, que, em geral, é de bom nível. É importante, antes da contratação dos serviços, solicitar referências da empresa a seus clientes, bem como conhecer o consultor que cuidará pessoalmente do recrutamento a ser contratado, pois as grandes consultorias têm vários consultores de senioridade diferente. É, sem dúvida, uma excelente opção de recrutamento para executivos, quando a empresa pode arcar com os custos.

Recrutamento em congressos e convenções

Congressos e *convenções* constituem-se em excelentes ocasiões para efetuar recrutamentos e são uma fonte não muito utilizada pelas organizações. É aplicável para recrutamento de profissionais técnicos e administrativos, e líderes. Consiste em enviar a congressos e convenções representantes da empresa com o intuito de contatar participantes ou expositores e verificar a possibilidade de recrutá-los.

Todas as fontes de recrutamento apresentam vantagens e limitações, cabendo ao recrutador escolher adequadamente aquelas mais aplicáveis à vaga que terá de preencher. A escolha de uma das fontes muitas vezes está sujeita ao tempo que o recrutador dispõe para identificar profissionais e aos resultados obtidos, anteriormente, pelo uso de outras fontes. O erro comum é utilizar sempre uma única fonte de recrutamento para o preenchimento de determinada vaga.

Cabe ao recrutador usar a criatividade para fazer o seu trabalho com sucesso. Vale a pena lembrar que o sucesso da seleção reside na eficácia do recrutamento e que, portanto, só é possível uma boa seleção caso o recrutamento tenha conseguido bons candidatos.

Agora e com você

1. Conceitue Recrutamento de Pessoal.
2. Quais as principais fontes de recrutamento?
3. Como optar por fontes de recrutamento?
4. Quais as vantagens do recrutamento interno em relação ao externo?
5. Por que é aconselhável a prática do Planejamento de Pessoal para o recrutamento interno, em detrimento do concurso interno?

Capítulo 6

Seleção

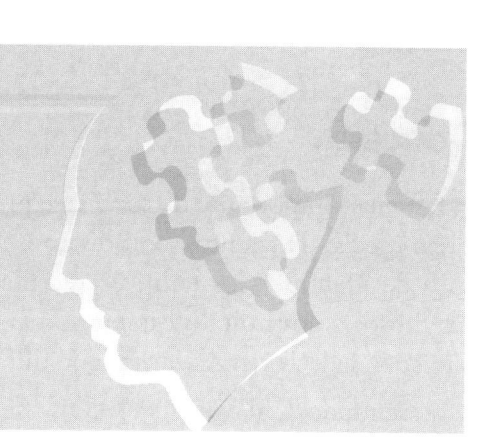

Objetivos do Capítulo:

- Conceituar seleção;
- Apresentar as etapas do Recrutamento de Pessoal;
- Apresentar a metodologia da entrevista de seleção por competências;
- Verificar os cuidados a serem tomados na entrevista;
- Analisar a validade de outras ferramentas de avaliação que possam ser usadas no processo seletivo.

*A capacidade de gerenciar o intelecto humano
— e de convertê-lo em produto e serviço útil —
está rapidamente se tornando a habilidade
executiva fundamental do momento.*

James B. Quinn
Philip Anderson
Sydney Finkelstein
Recursos Humanos estratégicos

Conceito

A fase mais importante de todo esse processo é certamente a **seleção**. Se a empresa precisa de talentos, como vimos no primeiro capítulo, é nesta fase que temos de identificá-los entre os recrutados. A escolha dos melhores, dos mais talentosos, constituirá o capital humano da empresa. O resultado de uma seleção adequada poderá fazer grande diferença em uma organização.

Segundo Chiavenato (1983), "seleção é a escolha, dentre os candidatos recrutados, daqueles mais adequados aos cargos existentes na empresa".

Conforme Muchinsky (2004), "seleção é o procedimento para identificar dentre um grupo de candidatos recrutados aqueles aos quais será oferecido um cargo".

Para Bohlanger, Snell e Shermam (2003, p. 102), é "a escolha de indivíduos com qualificações relevantes para preencher as vagas abertas existentes ou projetadas".

Na seleção, verifica-se quais os profissionais mais adequados e talentosos aos cargos existentes na empresa. É, basicamente, um processo de comparação: de um lado temos o perfil da posição e, de outro, candidatos diferentes entre si.

As pessoas, como vimos anteriormente, têm necessidades diferentes, o que deve ser levado em conta no processo seletivo, uma vez que vai influir no seu desempenho futuro. Um dos grandes desafios da seleção é convergir as expectativas e necessidades da organização com os objetivos e necessidades do candidato. Um processo seletivo que deixe esse importante fator de lado tem grande probabilidade de apresentar problemas, se não de imediato, em curto prazo.

Triando currículos

Vamos partir do princípio de que o currículo é o instrumento inicial para a seleção de pessoal para a maioria dos cargos da empresa. Em grande parte das contratações, a seleção começa pela análise de currículos. Isso exige uma avaliação detalhada. O documento deve ser visto apenas como um indicador, que aponta com quais candidatos serão marcadas entrevistas. O currículo é um instrumento para uma pré-seleção.

Para se ter mais segurança na pré-seleção por meio de currículos, as informações constantes devem ser checadas, visto que o que nele está escrito é uma "alegação" do candidato e, como tal, pode ou não ser verdade.

O que o currículo pode indicar

O currículo é o instrumento que indica a experiência do profissional — as suas realizações. Nesse sentido, pode apontar os objetivos, as qualificações, a trajetória profissional, a escolaridade, os cursos de especialização e os dados pessoais do candidato.

Sem que se tenha um perfil muito claro do profissional que se deseja contratar, a análise torna-se difícil. É preciso ler nas "entrelinhas", procurando indicações que podem apontar para instabilidade, estagnação na carreira, redação boa ou ruim, objetividade na comunicação etc.

Ao analisarmos um currículo, devemos começar pelos chamados pré-requisitos, ou seja, aqueles que, se inexistentes, inviabilizam o contato com o candidato. Se a posição requer inglês fluente ou determinada formação, somente os currículos que forem coerentes com esses pontos serão interessantes.

Porém, o fator mais importante ao analisar o currículo de um candidato são suas realizações. Uma boa universidade, mestrado ou doutorado pode impressionar, mas os conhecimentos que um candidato possui só serão relevantes quando associados às suas realizações. Alegações do tipo: excelente visão de negócios, participativo nas decisões, pró-atividade e outras qualificações que muitos candidatos colocam em seus currículos, a princípio, nada querem dizer.

É preciso estar atento a omissão de certos dados que, caso tenha sido propositada, pode estar acobertando alguns problemas, por exemplo:

- Não incluir dados relativos às datas de ingressos e saídas de empregos anteriores: pode caracterizar instabilidade.
- Omissão de idade: pode indicar que a pessoa está com idade avançada ou muito precoce para a função que desejamos.
- Omissão de datas de conclusão da formação acadêmica: pode indicar que o candidato não concluiu sua formação.

Ao analisarmos um currículo, devemos verificar sua consistência:
- Carreira do profissional, que deve apresentar crescimento harmônico:
  - progressão nos cargos ocupados;
  - datas de entrada e saída dos empregos;
  - eventuais guinadas na profissão;
  - locais de trabalho, e,
  - principalmente, suas realizações.
- Se há correspondência do aspecto educacional com o perfil exigido:
  - consistência geral dos dados. Por exemplo: se a informação é a de que teve sucesso em certo cargo e de lá saiu para um cargo de área diferente em outra empresa, talvez estejamos diante de um problema;
  - anote todos os pontos que merecem perguntas (por quê?) e aqueles que necessitam de comprovação. Caso o currículo seja pré-selecionado, todos os "porquês" deverão ser efetuados na entrevista e solicitadas comprovações de informações importantes, como o registro da formação profissional.
- Verifique a redação, a organização dos dados e o português.
- Se houver limite salarial imposto ao cargo e se o currículo informar a pretensão salarial, verifique se o pedido está dentro de uma faixa negociável.

Uma vez triados os currículos, deve ser dada seqüência ao processo de seleção, como veremos a seguir.

As etapas da seleção de pessoal

Uma vez definido os **prognosticadores do cargo** (perfil de competências do cargo e pré-requisitos), a seleção pode estabelecer as técnicas mais adequadas para cada caso, que deverão representar a melhor perspectiva para o bom desempenho futuro na posição em questão.

As etapas do processo seletivo, além de variarem de empresa para empresa, variam em função das competências que deverão ser avaliadas. Para uma melhor definição do processo, após identificarmos quais as competências essenciais para a posição a ser contratada, devemos definir o **Sistema de Seleção**. Ele pode ser definido como um método por meio do qual organizamos todos os elementos do processo. Quais competências deverão ser avaliadas? Quais ferramentas serão utilizadas para se obter as informações necessárias à tomada de decisão? Qual a seqüência mais eficaz para avaliarmos as competências? Quem serão os envolvidos em cada etapa?

O Sistema de Seleção tem como vantagens:

- **Padronização**. Cada candidato é submetido ao mesmo tipo e número de entrevistas e a outros elementos de seleção.
- **Seqüência eficiente**. Elementos de seleção dispostos de forma que otimizem recursos.
- **Definição clara dos pontos de decisão**. Todos os entrevistadores compartilham padrões comuns quanto às qualificações necessárias para que um candidato seja aprovado num ponto de decisão e prossiga no sistema ou, ainda, possa ser recomendado para outro cargo da organização.
- **Maior ênfase às competências mais importantes**. Competências particularmente importantes podem se checadas duas ou mesmo três vezes.

A contratação de uma secretária bilíngüe geraria um sistema como o exemplificado na Figura 6.1:

Competências	Triagem	Testes	Entrevista	Dinâmica	Entrevista com Requisitante
Word/Excel	X	X			
Inglês	X	X			X
Redação		X			
Planejamento e organização			X		X
Tolerância ao estresse			X	X	X
Pró-atividade			X	X	X

Figura 6.1 Sistema de Seleção.

As entrevistas são técnicas de análise eficazes, que podem ser realizadas por qualquer pessoa, desde que adequadamente preparada.

Sendo as competências o nosso foco, as entrevistas comportamentais permitirão fazer uma análise detalhada do candidato, coletando informações úteis para que se decida pela continuidade do candidato no processo. Detalharemos esse assunto adiante.

Cuidados a serem tomados no processo de seleção

O ideal no processo de seleção é o casamento perfeito entre as características do candidato e os requisitos exigidos pelo cargo, o que é quase impossível. Todo o processo de seleção esconde, atrás das técnicas, aspectos subjetivos na coleta e interpretação de informações que determinam a tomada de decisão na escolha do candidato. Neutralizar os aspectos subjetivos ou, talvez melhor, minimizar esses aspectos somente é possível com um trabalho compartilhado entre todos os que participam diretamente do processo de seleção da empresa, que, com bom senso, tomem juntos as decisões.

Outro problema é que, por melhor que seja a técnica, ela está sujeita a falhas, e o desempenho do novo funcionário pode não corresponder àquele previsto durante o processo seletivo. O uso adequado das técnicas disponíveis, a tentativa de eliminação do subjetivismo, a co-responsabilidade entre os requisitantes e os profissionais de Gestão de Pessoas e muito bom senso devem levar à contratação de funcionários produtivos e que se adaptem ao clima e à cultura da organização.

Isso só é possível com uma boa definição do perfil de competências do cargo e da escolha das melhores técnicas para avaliá-lo.

A entrevista de avaliação das competências

A *entrevista* é a etapa mais importante de um processo seletivo, pois permite obter informações sobre o comportamento de um candidato. É nesse espaço de tempo que o entrevistador vai conseguir as informações que procura e os traços que ressaltam o entrevistado.

Descobrir o que um candidato fez no passado é a essência de uma entrevista eficaz. Desde que o entrevistador saiba o que o candidato tem feito no trabalho, poderá predizer comportamentos, habilidades e decisões que ele provavelmente repetirá no futuro.

Para idealizar uma entrevista profunda, o entrevistador tem necessariamente que se encontrar emocionalmente estável para fixar toda sua atenção na entrevista. Uma das formas mais cotidianas de não entender o que o nosso interlocutor disse é *não escutar a resposta por estar pensando como estruturar a próxima pergunta*, o que é lamentável e custoso, já que o tempo da entrevista, de fato, é tempo produtivo. Por outro lado, ao estabelecer um perfil do cargo e ao definir um sistema de seleção, é preciso sistematizar também a entrevista no contexto geral já observado.

A **entrevista comportamental** — criada na década de 1970 e popularizada pelo Dr. Paul C. Green, principal executivo da Behavioral Technology Inc. — é a base da entrevista com foco em competências. Segundo Green (2000, p. 84), esta técnica "permite ir além de um pressentimento e reunir informações comportamentais sobre as habilidades relacionadas ao trabalho do candidato".

A entrevista baseada em comportamento é estruturada e focada no trabalho, com perguntas que visam obter respostas narrativas do candidato, envolvendo eventos passados de sua experiência.

Por se tratar de uma forma de entrevista estruturada, pede uma preparação prévia do entrevistador. A estruturação deve levar em conta a adaptação das entrevistas às competências que se deseja avaliar em termos de: ordem, conteúdo e entrevistadores.

A avaliação dos candidatos pode ser feita por comparação entre os candidatos e/ou por consenso dos entrevistadores.

Neste tipo de entrevista, as perguntas pré-planejadas, formuladas cuidadosamente para cada uma das competências a serem avaliadas, permitem observar o candidato de acordo com a tríade: contexto, ação e resultado.

- **Contexto**: é composto por situação + tarefa. A situação na qual uma ação aconteceu clarifica o motivo que levou a pessoa a agir de determinada maneira. A tarefa indica quais eram as atribuições pelas quais o candidato era responsável.

- **Ação**: o que a pessoa faz diante de uma situação. Ela pode ter uma ação ativa ou passiva. Por exemplo: o profissional responsável pelo atendimento a clientes que recebe um cliente irritado com o defeito de um produto pode ter uma ação ativa — agir no sentido de administrar a irritação e satisfazer a necessidade do cliente — ou uma ação passiva (nesse caso inadequada), solicitar à chefia para resolver a situação.
- **Resultado**: modificações na situação original, decorrentes da ação do candidato. Um resultado considerado bom depende da qualidade da ação do candidato.

Analisar o comportamento do candidato por esse enfoque permite:

1. Eliminar as distorções na experiência anterior do candidato: uma análise parcial da experiência pode levar o entrevistador a uma conclusão errada. Se avaliarmos o candidato por meio de todas as nuances de sua experiência, teremos informações suficientes para uma conclusão acertada.
2. Evitar que impressões subjetivas interfiram na avaliação: a entrevista por competências avalia a experiência com base em fatos concretos. O candidato vai discorrer sobre o que fez, como fez e por que o fez, de maneira objetiva. O entrevistador terá informações confiáveis — e não "impressões" — para sustentar sua opinião sobre aquele candidato.
3. Reduzir a fachada do candidato: muitos candidatos são "especialistas" em entrevistas. Criam um impacto inicial muito positivo, são seguros ao se expor, e podem levar o entrevistador a erros de avaliação. Uma investigação mais aprofundada permitirá identificar pontos que, como já colocado, simplesmente não passam de alegação. É praticamente impossível, para um candidato, sustentar seu posicionamento sobre uma experiência que na verdade não possui, quando submetido a perguntas que o obriguem a contar detalhadamente como essa experiência aconteceu.

A entrevista visa verificar se as competências individuais têm coerência com as competências do cargo e da organização, conforme mostra a Figura 6.2.

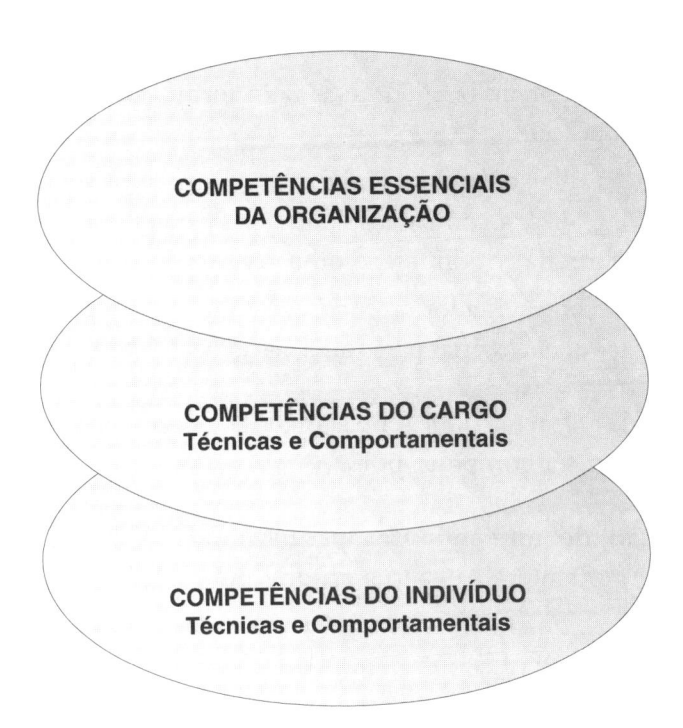

Figura 6.2 Interface entre as Competências do Indivíduo e as Competências Exigidas.

O planejamento da entrevista

Para estruturar a entrevista, devem ser identificados os requisitos/competências críticos da função. Eles definem o conhecimento, as habilidades e os comportamentos que o candidato precisa para ser bem-sucedido na posição a ser preenchida. Esses requisitos críticos asseguram que o entrevistador procure todas as informações necessárias à decisão da contratação e que elas sejam coletadas e avaliadas de forma coerente.

Na entrevista, avaliamos o histórico profissional do candidato, sua formação acadêmica, dados pessoais e sociais e a predisposição/expectativa do candidato. O primeiro passo é elaborar o **roteiro**. Ele permite manter o foco da entrevista, sem contudo "engessar" o entrevistador. O entrevistador pode e deve fazer o seguimento de experiências relevantes do candidato, independentemente do roteiro.

As principais vantagens do roteiro são:

- o entrevistador utiliza perguntas bem formuladas e selecionadas para aquela função;
- permite avaliar todos os candidatos pelo mesmo foco e, por conseqüência, realizar a comparação entre eles para que se possam tomar decisões sobre sua continuidade ou não no processo;
- mantém o entrevistador no foco, possibilitando que ele colete todas as informações necessárias para tomadas de decisão objetivas e coerentes.

O roteiro de entrevista pode ser elaborado de várias maneiras, contudo, um roteiro-base deverá ser composto por:

- **Revisão de antecedentes profissionais.** Visão geral dos pontos mais importantes da experiência do candidato, formação acadêmica.
- **Perguntas comportamentais para cada uma das competências a serem avaliadas.** Perguntas que levam o candidato a discorrer sobre suas experiências passadas.
- **Dados pessoais e sociais.** Dados que indiquem o ajustamento social do candidato, situação familiar, estabilidade econômica e outros aspectos que possam representar interferências no trabalho.
- **Informações sobre a empresa, cargo, remuneração.** Explicações sobre a empresa, principais atribuições do cargo, pacote de remuneração.
- **Perguntas gerais do candidato.** Nesse momento o candidato tem a oportunidade de fazer perguntas e esclarecer dúvidas sobre a posição e o processo seletivo como um todo.
- **Análise da predisposição do candidato.** Momento de verificar a aderência das expectativas do candidato com a posição.

A utilização do roteiro deve observar certos procedimentos para que se obtenha um resultado de qualidade: planejamento, providências anteriores à entrevista, abertura, anotações, fazer a revisão dos antecedentes, transição para as perguntas pré-planejadas, perguntas pré-planejadas e encerramento da entrevista.

Planejamento

O entrevistador deve examinar as informações sobre o candidato e verificar as necessidades de ajuste do roteiro aos antecedentes específicos dele.

Se um candidato não tem histórico profissional anterior, o entrevistador deve direcionar as perguntas para atividades em escolas, clubes, voluntariados e outras atividades que façam parte do contexto do candidato.

O entrevistador também deve verificar quais áreas de experiência são mais relevantes para a posição em questão. Fatores como as semelhanças entre as atribuições do emprego anterior e as do cargo-alvo, tempo de permanência no emprego e há quanto tempo foi a última experiência/emprego devem ser levados em consideração.

Providências anteriores à entrevista

O clima da entrevista é fundamental para sua eficácia. Nesse sentido, a primeira impressão que o candidato tem do entrevistador é muito importante. Providências como eliminar potenciais interrupções, reservar um local onde a privacidade da conversa seja preservada, destinar o tempo necessário para a conversa são alguns pontos que devem ser observados.

Abertura

Deixar o candidato à vontade, iniciando a entrevista de modo cordial, declarar o objetivo da conversa, descrever como será a dinâmica da entrevista — primeiro o entrevistador fará perguntas, depois fornecerá informações sobre a posição e a empresa, e depois abrirá para perguntas do candidato. Esse procedimento simples diminui a ansiedade do candidato e evita que a entrevista perca sua seqüência e as informações fiquem misturadas.

Anotações

Avisar o candidato sobre as anotações que serão feitas parece ser algo desnecessário. É quase óbvio que ele deve conhecer o procedimento, contudo, como nesse tipo de entrevista as anotações são um pouco mais intensas, avisá-lo de que elas servem para manter uma boa memória do contato.

Fazer a revisão dos antecedentes profissionais

Examinar rapidamente as principais experiências/empregos do candidato, além de fornecer uma visão geral de suas qualificações, ajuda o entrevistador a direcionar as perguntas planejadas para as áreas que vão gerar mais informações úteis sobre o candidato. Como essa revisão é centrada em áreas que não oferecem risco, o candidato fica à vontade e confiante na sua capacidade de conversar com o entrevistador, o que contribui para diminuir a ansiedade e criar o clima necessário para que se entre nas perguntas que levarão o candidato a se expor com maior profundidade.

A revisão deve ser feita em breve espaço de tempo, não devendo se tornar muito longa para que se tenha tempo suficiente para a realização das perguntas comportamentais.

Transição para as perguntas comportamentais pré-planejadas

Logo após a revisão dos antecedentes do candidato, passa-se para a principal parte da entrevista, e o candidato deve entender que ela será realizada de maneira diferente. Essa transição pode ser feita por meio de comentários que indiquem que o entrevistador está satisfeito com as informações obtidas na revisão e que, a partir de agora, fará perguntas mais específicas, que permitam entender melhor as experiências do candidato e as situações pelas quais ele passou.

Perguntas comportamentais pré-planejadas

Estas perguntas aparecem no roteiro num fluxo normal de qualquer entrevista. Cada competência deve ter pelo menos duas perguntas elaboradas previamente, uma vez que devemos coletar mais de um exemplo para realizarmos uma boa avaliação.

O roteiro, é bom lembrar, deve ser um guia, nunca um "gesso" para o entrevistador. Ao discorrer sobre determinada competência, o candidato pode dar informações sobre outra competência que será avaliada mais adiante. Vale seguir o fluxo da conversa, fazendo com que as informações sejam transmitidas de forma natural.

Outro ponto relevante é que algumas perguntas podem levar o candidato a discorrer sobre situações e experiências nas quais não foi tão bem-sucedido. Perguntas mais delicadas devem estar no final do roteiro e serem feitas quando o candidato estiver bem à vontade.

As perguntas planejadas podem e devem ser adaptadas para se ajustarem aos antecedentes do candidato. O candidato pode não ter experiência na área que se deseja avaliar e seria inútil fazer perguntas sobre esse ponto.

Da mesma maneira, fazer perguntas sobre pontos que o candidato já discorreu é desnecessário, o que equivale dizer que pular perguntas também é algo que pode ser necessário.

Podemos fazer perguntas adicionais durante a entrevista? A resposta é SIM, desde que, mesmo quando todas as questões pré-planejadas tenham sido feitas, não tenha sido possível conseguir uma quantidade suficiente de bons exemplos para avaliar o candidato. Outro ponto que pode gerar necessidade de perguntas adicionais é quando questões pré-planejadas se mostrarem inadequadas durante a realização da entrevista.

Encerramento da entrevista

Da mesma maneira que a entrevista é precedida de uma abertura, deve ser sucedida de um encerramento, agradecendo o tempo despendido e informando os próximos passos do processo de seleção.

A Figura 6.3 resume os pontos importantes do roteiro e dos procedimentos da entrevista.

Roteiro	
	Revisão de antecedentes profissionais
	Perguntas comportamentais
	Dados pessoais e sociais
	Informações sobre a empresa, cargo e remuneração
	Perguntas gerais do candidato
	Análise da predisposição do candidato

Procedimentos	
	Planejamento
	Providências anteriores à entrevista
	Abertura
	Anotações
	Fazer revisão dos antecedentes
	Transição para perguntas pré-planejadas
	Perguntas pré-planejadas
	Encerramento da entrevista

Figura 6.3 Roteiro e Procedimentos da Entrevista.

A formulação de perguntas

Perguntas planejadas para avaliar competências apresentam algumas características básicas:

- Motivam relatos ou narrativas de comportamento, uma vez que são diretas e pedem que o candidato descreva ações que ele empreendeu em situações específicas.

    Exemplo:
    Descreva um trabalho que você realizou e que teve de ser bastante persistente para chegar ao resultado desejado. O que aconteceu?

- Evitam que o candidato responda baseado apenas no que viu, leu ou ouviu. Uma pergunta do tipo: "Com que nível de segurança você trabalha?" pode levar o candidato a falar sobre todos os conceitos de segurança que ele já viu ou ouviu falar, sem necessariamente representar a experiência dele neste sentido.

- Não conduzem o candidato à "resposta certa", uma vez que não insinuam a resposta desejada pela forma como são formuladas. Determinadas perguntas contaminam a resposta do candidato, não revelando seu comportamento verdadeiro, mas sim aquele que ele julga que lhe dará melhores condições para ser escolhido.

    Exemplo:
    Pergunta insinuante: "Você acredita que o supervisor deve manter a disciplina do seu grupo de trabalho?"
    Pergunta não insinuante: "Qual foi seu procedimento quando verificou que seu funcionário não estava cumprindo as tarefas a ele designadas?"

Ao formular perguntas, use o verbo no passado a inicie com palavras como: "Relate", "Descreva", "Conte-me uma situação". Garanta que cada pergunta formulada atenda ao contexto da vaga e esteja baseada nos comportamentos-chave a serem identificados.

A Figura 6.4 mostra as características da pergunta comportamental.

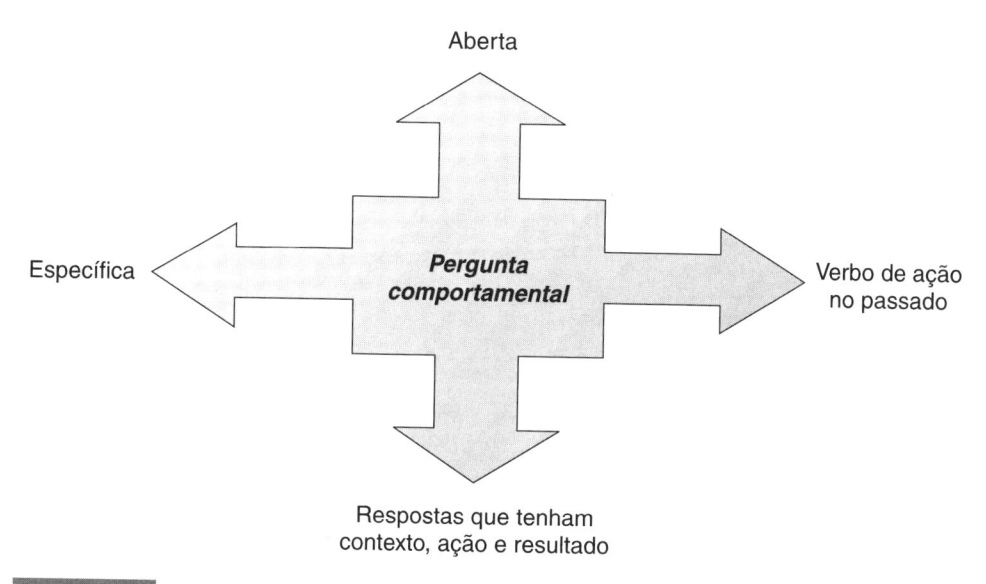

```
                    Aberta
                      ↑
                      |
   Específica ←  Pergunta  → Verbo de ação
                comportamental   no passado
                      |
                      ↓
              Respostas que tenham
              contexto, ação e resultado
```

Figura 6.4 Características da Pergunta Comportamental.

A título de exemplo, a Figura 6.3 apresenta perguntas que poderiam ser formuladas para as competências comportamentais mapeadas a uma atividade do cargo Operador de Telemarketing, apresentado no Capítulo 3. Na Figura 3.4, foi desenvolvido um exemplo do levantamento de indicadores de competências comportamentais com base em uma atividade que compõe a análise do cargo. Na Figura 6.5, foram acrescentadas possíveis perguntas a serem formuladas. Observe que as questões são específicas, direcionadas para o contexto da posição e para os comportamentos esperados.

Cargo: Operador de telemarketing			
Atividade	Indicadores de competências	Competências	Perguntas
Atender reclamações de clientes	Ter bom relacionamento interpessoal Empatia Demonstrar atitude positiva Saber ouvir Argumentação assertiva Saber lidar com pessoas difíceis Gestão de conflitos	Relacionamento interpessoal	Relate uma situação em que você teve de lidar com uma pessoa difícil. Descreva uma situação em que você teve de argumentar para administrar uma divergência com o cliente.
	Manter o equilíbrio em situações de pressão Administrar adequadamente a ansiedade. Foco em resultados	Trabalhar sob pressão	Descreva uma situação em que você sofreu forte pressão do cliente. Conte uma situação em que você teve de resolver uma reclamação do cliente e era cobrado intensamente por isso.
	Saber ouvir Foco em resultados Demonstrar atitude positiva Persuasão Buscar consenso Procedimentos da empresa	Negociação	Qual foi a negociação mais difícil que você fez com um cliente? Narre uma situação em que você teve de chegar a um consenso com o cliente que solicitava uma solução que não estava de acordo com os procedimentos da empresa.

Figura 6.5 Exemplo de Perguntas Que Poderiam Ser Formuladas para Competências Comportamentais.

Princípios básicos para conduzir a entrevista com eficácia

Desenvolver um roteiro: um bom roteiro contém perguntas bem formuladas, estimulam o candidato a falar de sua experiência passada e de seu comportamento.

Fazer perguntas de acompanhamento: dificilmente uma resposta traz os três elementos — contexto/ação/resultado. Assim, as perguntas de acompanhamento são usadas para a obtenção de exemplos de comportamento passado e são feitas quando a resposta do candidato não é clara ou não detalha determinado comportamento.

Exemplos:

Na ausência do componente CONTEXTO:

Quais foram os motivos para...?

Qual foi a causa de...?

Na ausência do componente AÇÃO:

Como você procedeu a respeito...?

Como você agiu na situação...?

Na ausência do componente RESULTADO:

Qual foi o resultado de...?

Como isso afetou...?

Quando o candidato proporciona apenas uma descrição vaga da experiência passada, devemos direcioná-lo para que nos dê um exemplo específico. Perguntas que podem ser feitas:

- Como, exatamente, você estava envolvido?
- Diga-me, exatamente, o que você fez.
- Dê-me detalhes mais específicos.
- Explique-me, passo a passo, o que você fez.

Normalmente, exemplos mais detalhados e relevantes são relatados na segunda ou terceira resposta:

- Dê-me um outro exemplo...
- Descreva outra situação que levou você a...

O número de perguntas de acompanhamento varia, dependendo da quantidade e detalhamento das informações obtidas com as perguntas planejadas. Em geral, o acompanhamento é mais intenso no início da entrevista.

Anotações

As anotações são apenas uma questão de bom senso. O entrevistador jamais deve concentrar-se nas anotações de tal maneira que deixe de ter contato visual com o entrevistado.

As anotações feitas durante a entrevista garantem que se tenham as informações necessárias à tomada de decisão. Deve-se iniciar pela ação, seguido do contexto. Muitas vezes se torna desnecessário anotar o resultado porque as informações referentes ao contexto e ações são suficientes para que o entrevistador se lembre dele.

Fazer anotações durante toda a entrevista evita que o candidato procure uma "pista" sobre pontos mais relevantes.

Controlar o tempo

Uma entrevista dura em média de 30 a 60 minutos, podendo estender-se em função da complexidade do cargo. Para manter-se de acordo com o planejado, é necessário controlar o ritmo da entrevista, estimulando o candidato a dar mais ou menos detalhes sobre suas ações no passado.

Uma boa entrevista deverá obter dois exemplos do candidato em cada competência a ser avaliada. Uma única resposta não é garantia de que a pessoa vá agir sempre daquela forma. Ela pode apresentar uma situação bastante positiva, que ocorreu de modo esporádico. O inverso também é verdadeiro — pode apresentar uma situação em que não foi tão feliz e, ao coletar o segundo exemplo, podemos identificar que a pessoa aprendeu com a situação e melhorou sua forma de atuar.

> Comentários positivos, somados a um questionamento eficaz, resultarão em uma entrevista mais eficiente, com menos tempo desperdiçado com informações sem importância.

Realizando a entrevista

Uma boa entrevista observa certos procedimentos preliminares, para que se obtenha um resultado de qualidade:

1. Examine as informações sobre o candidato e verifique se há necessidade de ajuste do roteiro aos antecedentes específicos dele.
2. Se um candidato não tem histórico profissional anterior, direcione as perguntas para atividades em escolas, clubes, voluntariados e outras atividades que façam parte do contexto do candidato.
3. Verifique quais áreas de experiência são mais relevantes para a posição em questão. Fatores como as semelhanças entre as atribuições do emprego anterior e as do cargo-alvo, tempo de permanência no emprego e há quanto tempo foi a última experiência/emprego, devem ser levados em consideração.
4. Providencie um local adequado, onde a privacidade da conversa seja preservada.
5. Destine o tempo necessário para a conversa.

Cuidados adicionais

O clima da entrevista é fundamental para que o candidato se sinta à vontade na exposição de suas experiências, mesmo aquelas nas quais possa não ter sido bem-sucedido. Ninguém gosta de expor suas deficiências ou parecer inadequado.

O levantamento de comportamentos negativos pode fazer com que o candidato se feche, e isto é uma limitação à eficácia da entrevista. Para que o candidato se sinta bem consigo mesmo, é necessário que ele tenha a impressão de que está sempre indo bem. Demonstre apreciar as realizações e compreender as dificuldades.

Durante a entrevista, o entrevistador pode manter a auto-estima do candidato:

- Demonstrando estar impressionado com as realizações positivas.
- Demonstrando que compreende os motivos nas áreas problemáticas.
- Reforçando positivamente o sucesso e as realizações do candidato:
    - "Conseguir esse resultado realmente foi uma grande realização".
- Elogiando o desempenho na entrevista:
    - "Você foi muito claro na sua resposta".

- Fazendo racionalizações antes e depois das perguntas.
  - "Embora sempre procuremos fazer o melhor, nem sempre conseguimos evitar erros. Conte-me uma situação...".
  - "Eu posso imaginar que qualquer pessoa teria se aborrecido com essa situação".
- Demonstrando empatia:
  - "Imagino como deve ter sido difícil...".

Essa abordagem faz com que o candidato se sinta "acolhido" e disposto a falar mais sobre aquela situação.

Cabe ressaltar que a entrevista deve ir até o ponto em que desejamos conhecer as competências do entrevistado, isso não significa que vamos invadi-lo ou avaliá-lo sem piedade. Quando ela é bem conduzida, torna-se um "bate-papo" produtivo. A entrevista deve ser humana, e a postura do entrevistador jamais poderá resvalar em uma posição de quem "tem o destino do candidato nas mãos".

Ferramentas adicionais de avaliação

Como abordamos anteriormente, ao analisarmos o perfil de uma posição, verificamos como cada competência pode ser mais bem avaliada.

Embora a entrevista possa avaliar de maneira eficaz a maioria das competências, existem dois casos em que devemos considerar a utilização de outras formas de avaliação:

Testes psicológicos, de conhecimento, dinâmicas etc. somente serão utilizados quando se adequarem às competências a serem analisadas. As seguintes perguntas deverão ser feitas para que possamos decidir pelo seu uso:

1. Esta competência pode ser mais bem avaliada em entrevista, dinâmica ou em um teste?
2. É importante usar mais de uma forma de avaliação para obtermos todas as informações necessárias para a tomada de decisão? Devemos, por exemplo, realizar a entrevista e complementar os dados com uma dinâmica?

Essas escolhas também estão condicionadas ao:

- número de candidatos a serem avaliados;
- tempo disponível para realizar todo o processo;
- disponibilidade financeira;
- estrutura da empresa;
- capacidade técnica do avaliador.

A dinâmica de grupo

Dinâmica de grupo é uma atividade presencial das mais eficazes nos processos seletivos, reproduzindo, por meio de um cenário controlado, processos semelhantes aos existentes na empresa.

As atividades devem, como abordado, ser selecionadas de acordo com os atributos de competência a serem avaliados. Uma das vantagens da dinâmica é a flexibilidade para adaptar as atividades à cultura e ao contexto da empresa. Outra vantagem é a possibilidade de observar as pessoas em ação, favorecendo a objetividade na avaliação.

As desvantagens também estão presentes: exige pessoas qualificadas para serem facilitadores de grupos e infra-estrutura adequada ao desenvolvimento da atividade.

A definição das atividades determina a qualidade do resultado da avaliação. Durante o processo, o facilitador deve oferecer, aos avaliados, a oportunidade para demonstrar os conhecimentos, habilidades e atitudes que compõem o perfil de competências exigido pela empresa.

Um teste ou uma dinâmica não devem ser utilizados como ferramenta única, mas sim como recurso auxiliar. Entretanto, um teste que avalie uma competência técnica, como o nível de proficiência em inglês, pode ser usado como ferramenta inicial, visto que, se essa competência for fundamental para a posição e o teste revelar conhecimento abaixo do necessário, a entrevista não deverá ser realizada.

Embora os questionamentos quanto aos testes práticos (de conhecimentos) sejam menores, nossa experiência tem mostrado que freqüentemente eles são estruturados de maneira equivocada. Muitos requisitantes estruturam testes com grau de complexidade acima do necessário e, é claro, nenhum candidato consegue ser bem-sucedido nessa avaliação.

Para evitar esse tipo de ocorrência, um teste deve ser validado. Segundo Werther e Davis (1983),

"Validade significa que os escores do teste se relacionam significativamente com o desempenho do cargo ou algum outro critério relevante. Quanto mais forte o relacionamento entre os resultados do teste e o desempenho, tanto mais o teste é um instrumento efetivo de seleção. Quando os escores e o desempenho não se relacionam, o teste não é válido e não deve ser usado para a seleção."

Além da validação dever ser confiável, os resultados devem ser coerentes cada vez que alguém é submetido a ele. E prosseguem os autores (1983): "Por exemplo, um teste de destreza manual para um montador deve dar um escore semelhante a cada vez que ele faz o teste. Se os resultados variarem muito a cada teste, é porque os escores dependem de sorte, então o teste não é confiável". Sem dúvida, existem os mais variados tipos de testes, com os mais diferentes propósitos, que podem ser aplicados durante o processo de seleção; no entanto, para escolha, aplicação e análise, todos os cuidados devem ser tomados, além, é claro, de assegurar que são válidos e relacionados à competência que se pretende avaliar.

Agora e com você

1. Por que é importante estruturar o Sistema de Seleção?
2. Por que a entrevista comportamental reduz a "fachada" do candidato?
3. O que são perguntas pré-planejadas?
4. Em quais situações podemos remanejar uma pergunta pré-planejada durante a entrevista com um candidato?
5. Quais as etapas de uma entrevista comportamental?

Capítulo 7

O Processo de Avaliação

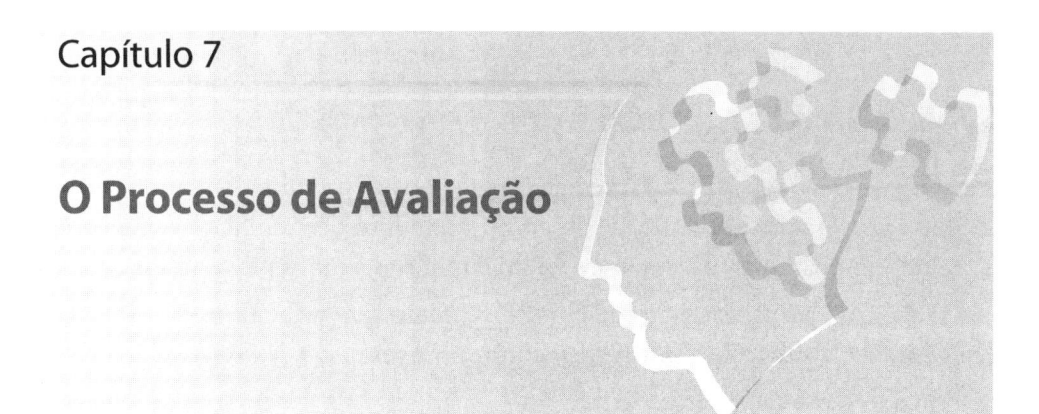

Objetivos do Capítulo:

- Mostrar como realizar a avaliação do candidato após a entrevista;
- Verificar como comparar candidatos;
- Identificar os fatores de relevância para a tomada de decisão quanto à contratação de um profissional;
- Mostrar as propensões do entrevistador que podem interferir na eficácia da avaliação.

A fim de aprender, temos de ser livres.
Você tem de ser livre para experimentar,
tentar, livre para errar e lucrar com os erros.
O segredo está em não cometer o mesmo erro duas vezes.

Leo Buscaglia
Vivendo, amando e aprendendo

Avaliando o candidato após a entrevista

O candidato deve ser avaliado imediatamente após a entrevista. Segundo a tríade **contexto – ação – resultado**, o comportamento do candidato é analisado ao se verificar quanto as suas respostas foram completas, enfocando os três pontos.

Devem-se adotar critérios de comportamento que reflitam os níveis desejáveis para cada situação, pontuando, como no exemplo a seguir:

1. Abaixo das expectativas
2. Atende parcialmente às expectativas
3. Atende às expectativas
4. Supera as expectativas

As respostas que indicam opiniões ou declarações teóricas, voltadas para o futuro, são de pouca ou nenhuma utilidade neste processo.

Um exemplo de tabela de avaliação para um candidato pode ser visualizado na Figura 7.1.

Competências	(1) Não atende às expectativas	(2) Atende parcialmente às expectativas	(3) Atende às expectativas	(4) Supera as expectativas
Iniciativa: age por sua própria conta quando a situação assim o exige		X		
Trabalho em Equipe: trabalha em conjunto com os outros para atingir metas			X	

Figura 7.1 Exemplo de Tabela de Avaliação de Candidato.

Como cada competência deve ser avaliada, levando-se em consideração dois exemplos comportamentais, o entrevistador deve analisar cada resposta, com base nos seguintes parâmetros:

1. Dar o maior peso para a resposta que:
   - Apresentar o comportamento mais significativo, com maior semelhança com as situações que o candidato irá enfrentar.

- Representar um exemplo de uma situação mais recente na experiência do candidato.
2. Verificar a tendência do comportamento:

   Tomemos, como exemplo, uma resposta sobre trabalho em equipe que atende ao esperado e a segunda resposta para a mesma competência que a atende parcialmente. Como fica a avaliação final? A avaliação de uma competência não é gerada pela *média* entre as respostas. Analisando as duas, deve ser verificado:
   - Se o comportamento na resposta mais recente apresenta evolução: a competência recebe pontuação maior.
   - Se o comportamento apresenta uma involução: a competência recebe pontuação menor.

O entrevistador deve também levar em consideração os pontos que são fruto da observação/percepção de elementos sutis que surgem na entrevista, seja na comunicação verbal ou não-verbal do candidato:

- postura na cadeira;
- movimentação do corpo, das mãos e pés;
- intensidade com que fuma;
- transpiração;
- contato visual;
- tom de voz;
- mudanças de ritmo da fala;
- mudanças do timbre de voz;
- pausas na narrativa;
- rapidez com que responde a uma pergunta;
- fuga diante de certas áreas de questionamento;
- relutância em responder determinadas perguntas;
- tentativa de desvio para outro assunto.

A Figura 7.2 apresenta um resumo gráfico das variáveis a serem consideradas na avaliação do comportamento detectado durante a entrevista.

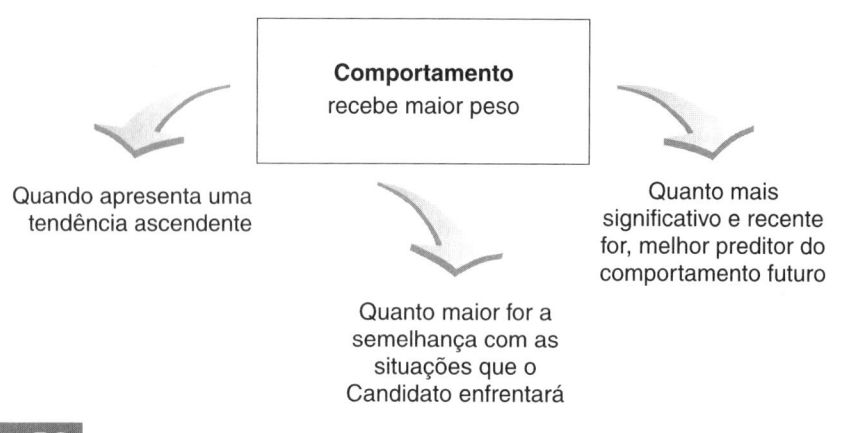

Figura 7.2 Variáveis que devem ser consideradas na Avaliação do Comportamento.

Comparação entre os candidatos

Todos os candidatos devem ser comparados na mesma competência:

- Verificando as evidências que cada um trouxe na entrevista e fazendo a graduação.
- Discutindo divergências quando dois ou mais entrevistadores tiverem opiniões diferentes sobre um mesmo candidato. As divergências deverão ser exaustivamente discutidas, até que se chegue a um consenso.

As diferenças de percepção entre entrevistadores são comuns, mesmo quando analisaram os mesmos aspectos: fizeram perguntas diferentes, que resultaram em exemplos comportamentais diferentes. As divergências deverão ser exaustivamente discutidas, considerando-se somente os dados comportamentais diretamente relacionados com as competências-alvo.

O consenso ocorre do intercâmbio de informações durante a reunião. A graduação consensual é muito mais que a média das graduações dos avaliadores. Usar um quadro de pontuações, como o exemplificado anteriormente, pode ser útil.

- Cada avaliador vai atribuindo sua pontuação em cada competência.

- Depois do quadro pronto, cada um esclarece o porquê da pontuação dada, apoiando-a nos exemplos colhidos durante a entrevista.

Uma tabela é muito útil para a comparação das competências dos candidatos (veja a Figura 7.3).

Competências	Candidato 1	Candidato 2	Candidato 3
Iniciativa: age por conta própria quando a situação assim exige	PARCIAL	SUPERA	ATENDE
Trabalho em Equipe: trabalha em conjunto com os outros para atingir metas	ATENDE	ATENDE	ATENDE

Figura 7.3 Tabela para Comparação de Competências dos Candidatos.

Quando a pontuação de todos é semelhante, não é necessário chegar a um consenso. Devemos fazer um resumo dos pontos-chave que o levaram a essa conclusão e verificar se todos enfocaram comportamentos semelhantes na pontuação do candidato. Buscar esclarecimentos e informações adicionais garantirá que a informação sobre um candidato seja claramente entendida por todos.

Nesse processo, mudar a pontuação dada inicialmente não é raro. É fruto da reconsideração de evidências comportamentais apresentadas.

Finalizada a comparação, teremos os elementos necessários para tomar decisão sobre a contratação, identificando qual dos candidatos é o mais adequado. Não se deve esquecer de verificar se as expectativas do candidato são compatíveis com o que a empresa tem a oferecer a curto, médio e longo prazo. Um candidato excelente pode não ser o melhor para a sua realidade, caso ele esteja superdimensionado para a atividade e não tenha perspectiva de mudança no curto prazo.

Cabe ressaltar, que é no processo de avaliação que poderemos identificar os potenciais talentos, aqueles candidatos que, comparados com os critérios esperados e com os demais candidatos, superam as expectativas, demonstrando que podem apresentar desempenho diferenciado.

Outros pontos de relevância para a tomada de decisão sobre um candidato

Verificar qual a **importância relativa de cada competência**. Algumas são críticas, enquanto outras, embora significativas, não o são. É adequado dar maior peso às competências mais críticas.

Verificar qual o **inter-relacionamento de cada competência**, analisando-se a dinâmica gerada entre elas. Por exemplo: alta graduação em Liderança e em Atenção a Detalhes = estilo de liderança centralizador.

No caso da competência atender parcialmente, verificar se ela **pode ser treinada ou desenvolvida**, considerando as oportunidades reais de treinamento e desenvolvimento que existem na empresa, além de analisar o tempo necessário para que o candidato desenvolva aquele ponto.

Propensões do entrevistador ao avaliar um candidato

Por mais critérios que se tenham ao realizar uma entrevista, o entrevistador pode apresentar tendências de julgamento em relação ao entrevistado.

Essas tendências, denominadas **propensões do entrevistador**, ocorrem quando o entrevistador não consegue separar a pessoa do seu comportamento, desempenho e potencial para o trabalho.

São três as propensões mais importantes:

- **Efeito halo**

    São os julgamentos realizados à primeira vista. Baseado em informações iniciais limitadas, o entrevistador deixa-se influenciar, fazendo avaliação sobre outras características do entrevistado. Como exemplo, uma pessoa bem trajada, simpática e sorridente é considerada um candidato com iniciativa e criatividade.

- **Preconceito pessoal**

    São as avaliações de candidatos feitas mediante discriminações conscientes. Quando o entrevistador tem preconceitos contra grupos específicos — por exemplo: homens são melhores para ocupar certo cargo.

- **Dominação pelo entrevistador**

    Quando o entrevistador usa a entrevista para falar dele próprio ou gasta todo o tempo narrando os aspectos do cargo ou da empresa.

Todos esses erros reduzem significativamente a confiabilidade da entrevista, e o entrevistador deve estar atento para não cometê-los. Caso contrário, em vez de avaliar parâmetros objetivos, emitirá uma opinião baseada em questões subjetivas que, certamente, não sustentarão a escolha feita.

Ressaltamos que não é possível eliminar por inteiro a subjetividade do processo, mas, com a utilização dos critérios descritos anteriormente — evidências comportamentais trazidas pelo candidato durante a entrevista, que possam ser comparadas aos comportamentos-chave para cada uma das competências — consegue-se tornar o processo mais objetivo.

Outro fator relevante é que o entrevistador deve ser um hábil perguntador para investigar integralmente o exemplo trazido pelo candidato. Recomendar ou não um candidato é uma grande responsabilidade, portanto, fazer o aprofundamento necessário para que se tenha uma visão completa do contexto, ação e resultado garante que a opinião seja sustentada por fatos.

Agora e com você

1. Por que a avaliação da competência deve ser feita com base em parâmetros, como o comportamento mais significativo e o mais recente?
2. Além das evidências comportamentais, quais outros aspectos devem ser observados na avaliação?
3. Como podemos identificar um potencial talento ao avaliarmos os candidatos?
4. Como as propensões do entrevistador podem influenciar na eficácia da avaliação?

Capítulo 8

Integração

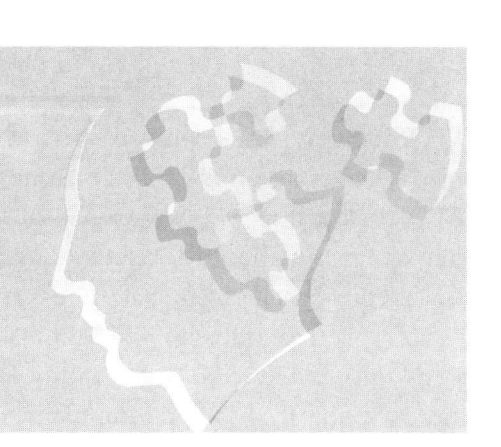

Objetivos do Capítulo:

- Mostrar a importância da integração do novo funcionário e o impacto dessa atividade na sua retenção.

A ineficácia em encontrar o nicho correto para as pessoas — ou em permitir que elas encontrem seu próprio nicho perfeito — é uma das maiores razões pelas quais tantos locais de trabalho são medíocres, até mesmo tóxicos, apesar da presença do talento."

Warren Bennis
Patricia Ward Biederman
Os gênios da organização

O recrutamento e a seleção de pessoal não pode ser considerado uma prática isolada. Devemos considerá-lo um subsistema de um macrossistema da Gestão de Pessoas em uma organização, como vimos no início deste texto. Todo o esforço do recrutamento e seleção é feito no sentido de encontrar pessoas, as mais adequadas possíveis, para que a organização possa atingir seus objetivos. Dessa forma, esse trabalho não termina no momento da admissão ou recolocação de um indivíduo na organização. É necessário um processo de adaptação à empresa e ao cargo, que denominamos **integração de pessoal**.

A adaptação de um indivíduo recém-chegado à organização é um processo social complexo, conforme explica Dayal (1974): uma pessoa adulta, recentemente admitida em uma empresa, já adquiriu: personalidade própria, composta de um conjunto de valores a respeito do certo e do errado, de opiniões sobre diferentes pessoas e objetos e o que eles representam para si; seus preconceitos, seus temores e ansiedades mais íntimas com relação a sua própria capacidade; sua aceitação ou rejeição pelos outros; suas necessidades e objetivos. Essas são características pessoais e intransferíveis que a pessoa adquiriu por meio de experiências e interações na família e em seu ambiente. Ela tem consciência de algumas dessas características, outras operam no nível do inconsciente; o que espera do novo emprego e do ambiente, isto é, o que espera de seu superior, dos seus companheiros, dos seus subordinados e da administração como um todo (como entidade abstrata).

A empresa tem sua cultura, seus valores, seu modo de ser, suas políticas e procedimentos, padrões de comportamento dos líderes e das pessoas. Nunca existirá uma empresa igual à outra, no seu aspecto social. Por isso, deve haver um processo de adaptação do recém-admitido à organização. Ainda, segundo Dayal (1974), haverá uma série de exigências da pessoa que ingressa em uma nova organização:

- adapte suas próprias idéias, seus sentimentos e seu modo de trabalhar aos padrões aceitos na empresa; que encontre sua identidade, isto é, que procure o que lhe é satisfatório e o que lhe daria maior liberdade para utilizar integralmente sua capacidade.

O processo de adaptação é de certa forma, complexo, e nem sempre as pessoas se dão conta disso. Um novo funcionário, desde que integrado nesse novo ambiente, em geral, aceita os padrões de conduta de seus colegas de trabalho, porque é com eles que passará a maior parte do tempo e porque quer ser aceito pelo grupo.

A mesma premissa também é válida para funcionários que se transferem de áreas.

O processo de integração deve ser enfocado, então, por dois ângulos: a adaptação do indivíduo ao trabalho e à empresa. O caso mais simples de integração é daquele indivíduo que está adaptado a determinado trabalho, mas terá de ser integrado à nova cultura empresarial. Será necessário que esse profissional se adapte às políticas, procedimentos, controles, estilos de supervisão. Quando as mudanças estão também relacionadas ao tipo de trabalho, acrescente aos fatores anteriores, outros, como: processos, tecnologias, materiais, máquinas e equipamentos.

É necessário um processo de adaptação do profissional à empresa. E a ausência da integração pode comprometer o processo de recrutamento e seleção, mesmo quando muito bem realizado.

A integração é composta por duas fases: a **ambientação de pessoal** e a **integração** propriamente dita.

Ambientação de pessoal

A *ambientação de pessoal* é um processo menor, em geral de algumas horas ou de um dia todo, e normalmente é conduzido pela área de Gestão de Pessoas. O programa deve apresentar ao novo funcionário os aspectos mais relevantes da organização, como:

- histórico da empresa;
- produtos da empresa;
- tecnologia;
- objetivos estratégicos;
- processos;
- valores e crenças;
- principais políticas e processos administrativos;
- ética e conduta esperada das pessoas;

- benefícios oferecidos;
- possibilidades de crescimento profissional;
- política salarial.

A ambientação deve ser complementada pela visita do novo funcionário às instalações da empresa e pela apresentação a seus novos colegas de trabalho.

Integração de pessoal

A *integração* é um programa bem mais amplo que a ambientação de pessoal. O líder do novo funcionário deve ser o principal responsável pela condução desse processo. Ele visa facilitar a interação do novo funcionário à equipe de trabalho; facilita o entendimento da cultura da empresa, dos objetivos estratégicos da empresa, dos objetivos da unidade; fornece um conhecimento mais profundo das normas, política e programas, do processo de trabalho, entre outros aspectos relevantes, para que o profissional possa ser bem-sucedido na organização. O programa de integração pode demorar alguns meses. É um trabalho, antes de tudo, de orientação, para que o novo funcionário se sinta de fato como membro da empresa.

Este processo deve ser conduzido pelo líder, mas as diretrizes gerais devem ser traçadas e acompanhadas pela área de Gestão de Pessoas.

Durante toda a fase de integração, o líder deverá acompanhar e avaliar a adaptação do novo funcionário à empresa e ao cargo; orientações e reorientações têm aspecto relevante nesse caso.

Quando pessoas são transferidas de área, o processo de integração também deve ser efetuado.

A integração ajuda as pessoas a satisfazer suas necessidades sociais, que incluem afeição, aceitação, amizade e a sensação de pertencer a um grupo, conforme a teoria da hierarquia das necessidades proposta por Abraham Maslow,[1]

---

1. A teoria de Maslow afirma que em cada indivíduo há uma hierarquia de cinco necessidades: fisiológicas, de segurança, sociais, de estima e de auto-realização. Para Maslow, é necessário que de alguma forma uma necessidade seja satisfeita para que outra, na hierarquia, fique ativa. Segundo o autor, é preciso conhecer qual nível da hierarquia de necessidades a pessoa se encontra no momento, para focar na satisfação desse nível.

ou, ainda, a necessidade de associação, que significa a vontade que as pessoas têm de possui relacionamentos interpessoais amigáveis e próximos, na versão mais recente, proposta por David McClelland,[2] sobre a teoria das necessidades humanas.

Segundo Dave Ulrich (apud CHOWDHURY, 2003b, p. 248), a organização do futuro tem como desvantagens "o isolamento, a solidão e a alienação". Também segundo o autor, mesmo em um ambiente de alta tecnologia, ainda necessitamos do envolvimento emocional e da proximidade com outras pessoas, o que reafirma a importância da integração. Como não é possível o estabelecimento dessa conexão com todos os colegas de trabalho, o profissional deve definir quais as pessoas com as quais se importa e cultivar esses relacionamentos, mesmo que, para os mais ocupados, isso venha a se tornar um desafio. No entanto, apenas por meio da amizade, cria-se um ambiente no qual há o respeito pelas diferenças de cada um, a valorização do indivíduo, resultando no fortalecimento da confiança mútua. É importante investir não apenas no desenvolvimento pessoal, mas, também, no estreitamento das relações de amizade, criadas à medida que o grupo passa mais tempo junto, aprimorando seus pontos de interesse comum, colocando de lado metas individuais com a finalidade de valorização das metas comuns. Quanto maior o envolvimento entre os membros do grupo, maior será a estabilidade proporcionada para que mudanças possam ocorrer. A organização ganha quando existe tal envolvimento entre seus funcionários.

O processo de ambientação e mais fortemente o de integração fornecem a base para que os profissionais possam assumir suas responsabilidades com maior segurança, auxiliando a empresa que deseja um ambiente de trabalho com elevado desempenho. Repassar as estratégias empresariais ajuda as pessoas a ter a necessária clareza do que é esperado delas. É também necessário pensar no programa de treinamento adequado, que complemente as competências do profissional para o exercício de sua função, principalmente quando estamos transferindo funcionários de outras áreas (recrutamento interno) ou quando es-

---

2. A teoria de McClelland afirma que as necessidades são três: associação, poder e realização. Ela difere da de Maslow, uma vez que o autor acredita que as três necessidades podem estar ativas em um mesmo momento, e, se alguma delas não for satisfeita, outra, de nível mais baixo, aumentará.

tamos admitindo pessoas que não possuam totalmente desenvolvidas as competências técnicas necessárias.

O processo de *gestão de pessoas*, relativo a quem é contratado, como é integrado ao ambiente organizacional e treinado, fornece o alicerce para o desempenho diferenciado.

Agora e com você

1. O que pode ocorrer quando um *programa de ambientação* não for efetuado?
2. O que pode ocorrer quando um *programa de integração* não for efetuado?

Capítulo 9

Considerações Finais

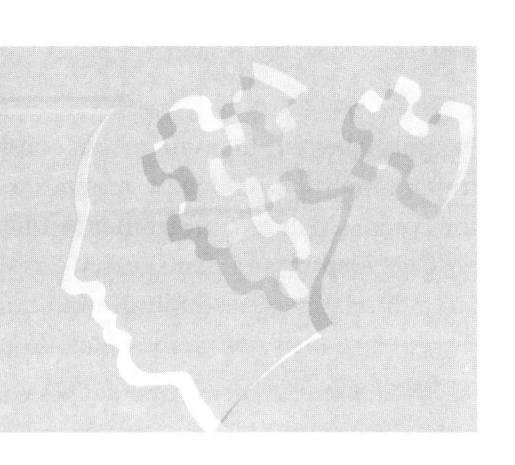

Objetivos do Capítulo:

- Mostrar que a ferramenta de seleção não pode ser utilizada como discriminação;
- Apresentar a utilização da metodologia por competência nas empresas.

As pessoas devem continuar a sonhar e buscar, sabendo que a busca em si já constitui a aventura.

Richard Donkin.
Sangue suor e lágrimas: a evolução do trabalho

Algumas questões finais merecem consideração: o talento é necessário nas empresas; o trabalho da equipe resulta no sucesso da organização; a metodologia por competência é o instrumento que permite caracterizar a necessidade de pessoal e identificar a pessoa certa para cada posição; a seleção por competência não é discriminação e há um longo caminho para que a competência seja um instrumento mais largamente adotado pelas organizações.

As empresas necessitam de pessoas competentes e, de preferência, com muito talento para realizar seus objetivos. No entanto, de nada adianta profissionais talentosos criando idéias magníficas sem outros profissionais para desenvolver, produzir, vender e executar a logística da entrega. Uma empresa não vive somente de sonhos. É necessário um trabalho de equipe e que, em todas as posições, haja indivíduos de alta competência. O verdadeiro talento sabe respeitar e apreciar outras pessoas. Ele sabe também que, por mais inteligente, vibrante, criativo que seja, é impossível a missão de fazer uma empresa brilhar se não houver um trabalho conjunto de uma equipe talentosa.

Discriminação e diversidade

Competência não é sinônimo de sexo, etnia, idade, religião ou qualquer outro quesito discriminatório. Competência é exatamente o saber, o saber fazer e as atitudes necessárias das pessoas, que vão contribuir para a realização de um trabalho de excelência. Nesse sentido, uma empresa pode necessitar de pessoas com muita ou pouca experiência, de poliglotas, ou de uma que domine um único idioma, de polivalentes, especialistas ou generalistas. O que importa são os requisitos de competência exigidos diante das responsabilidades impostas e futuras, e não quaisquer outros atributos discriminatórios. Muitas vezes, por preciosismo ou por discriminação, profissionais competentes que poderiam fornecer contribuições importantes para as organizações não são aproveitados durante a seleção, porque o processo foi subjetivo.

Empresas que abandonam os preconceitos, praticam a diversidade e focam unicamente na competência das pessoas têm resultados positivos, tanto na consecução de seus objetivos quanto na imagem projetada. Em artigo na revista *Exame*, Vassalo (2003) apresenta inúmeras empresas nas quais as admissões e promoções estão diretamente relacionadas à competência, e não a quaisquer atributos que possam ser discriminatórios nesses processos. No artigo, a autora

(Exame, 2003) conclui que a diversidade do capital humano nas empresas resulta em maior criatividade e competitividade: "Foi essa soma de visões, valores, capacitações e culturas que fez, entre outras coisas, do Vale do Silício, na Califórnia, o maior centro de inovação tecnológica do mundo". No entanto, para Kouzes e Posner, como herança da era industrial, a padronização e a despersonalização das pessoas ainda são o modelo de muitas organizações e resulta em um processo em que os indivíduos pensam e agem como os chefes. Nessas empresas, a repetição e exploração de coisas conhecidas dominam, por conseqüência são excluídas as inovações e criações. As inovações e criações dependem das diferenças na forma de pensar e agir das pessoas.

"Atrair e manter talentos" não é algo tão simples. Atrair talentos é trazer para as empresas pessoas com suas histórias de vida, sonhos, visões e competências para gerar os resultados da organização. Manter talentos é fazer com que esses indivíduos permaneçam na empresa, melhorando sua trajetória profissional, aumentando seus sonhos e visões e aperfeiçoando suas competências, para continuar a gerar os resultados desejados.

A competição global e o ambiente de mudança provocaram tensão no ambiente interno das organizações e ruptura dos contratos de trabalho, onde reinava a estabilidade e a lealdade. Mas, essas mesmas forças, de acordo com Chowdhury (2003b, p. 131), "necessitam de níveis de confiança e trabalho de equipe que não podem ser estimulados em um ambiente sem afeições e com oportunismo recíproco e contínuas contratações imediatistas". Para resolver esse problema, há a necessidade de um novo contrato de trabalho:

> "Cada funcionário assume a responsabilidade pelo melhor desempenho possível da parte da empresa à qual pertence e se compromete a um processo contínuo de aprendizado que é necessário para apoiar tal desempenho em meio à contínua mudança. E em troca, a empresa trata de assegurar não a dependência correspondente à estabilidade do emprego, mas a liberdade da empregabilidade de cada indivíduo [...], fornecendo a todos os funcionários a oportunidade de atualização contínua das qualificações, para proteger e melhorar tanto a flexibilidade no trabalho dentro da empresa quanto suas oportunidades lá fora."[1]

---

1. Cf. CHOWDHURY, 2003b, p. 131.

Nesse novo contrato, os clientes mantêm relacionamentos com os responsáveis pelos processos. A Figura 9.1 mostra a mudança do contrato social.

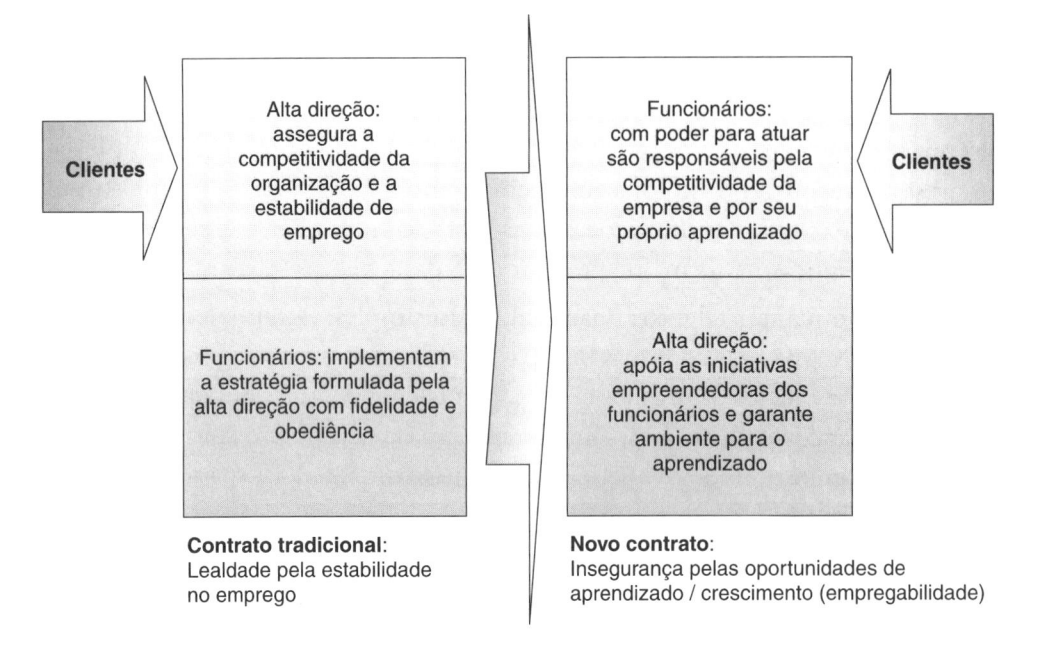

Clientes →	Alta direção: assegura a competitividade da organização e a estabilidade de emprego		Funcionários: com poder para atuar são responsáveis pela competitividade da empresa e por seu próprio aprendizado	← Clientes
	Funcionários: implementam a estratégia formulada pela alta direção com fidelidade e obediência		Alta direção: apóia as iniciativas empreendedoras dos funcionários e garante ambiente para o aprendizado	
	Contrato tradicional: Lealdade pela estabilidade no emprego		**Novo contrato**: Insegurança pelas oportunidades de aprendizado / crescimento (empregabilidade)	

Fonte: Adaptado, CHOWDHURY, 2003b, p. 133.

Figura 9.1 Contrato Tradicional *versus* Novo Contrato.

O uso da metodologia por competência contribuirá com um novo processo de gestão de pessoas e diminuirá, em muito, processos pouco objetivos e discriminatórios. Mas a realidade atual mostra que em muitas empresas essa metodologia ainda não é praticada. Há, ainda, um caminho a ser percorrido, até que as organizações adotem esse recurso de forma mais abrangente.

Pesquisa sobre a utilização da metodologia de competências

Uma pesquisa realizada em junho de 2005, com 91 alunos que cursam Pós-Graduação em Administração de Recursos Humanos da Fundação Armando Alvares Penteado (Faap), mostra que, nas empresas para as quais trabalham, 61,54% praticam de alguma forma a gestão por competência e 38,46% não usam essa ferramenta. A Figura 9.2 apresenta os dados da tabulação geral dessa pesquisa. Para a tabulação, as empresas foram subdividas em nacionais (53) e multinacionais (38), como, também, por número de funcionários até 500 (39), entre 500 e 1.000 (8) e acima de 1.000 (44).

Verificando a tabulação geral (Figura 9.2), é maior o uso da metodologia entre as empresas multinacionais (76,32%) do que entre as empresas nacionais (50,94%). Entre as que utilizam a metodologia, as incidências são maiores de uso nos subsistemas: definição dos cargos, recrutamento e seleção, avaliação de desempenho e treinamento e desenvolvimento tanto nas empresas nacionais, quanto nas multinacionais. Outro dado que merece atenção é em relação à clareza e parâmetros confiáveis na definição de competências entre as empresas que adotam a metodologia. Apenas 67,86% têm definições claras das competências e 55,36% têm parâmetros confiáveis de mensuração. Quanto as nacionais, o percentual melhora em relação às definições claras (71,43%), mas piora em relação à confiabilidade na mensuração dos parâmetros. A forma mais utilizada para a definição das competências é a participação da diretoria, gerências e pessoal de Recursos Humanos. A prática de utilização de comitê ou funcionários-chave é pouco empregada.

A pesquisa também foi tabulada classificando-se as empresas pelo parâmetro *número de funcionários*. As Figura 9.3, 9.4 e 9.5 mostram, respectivamente, a tabulação das empresas com até 500 funcionários, entre 500 e 1.000 funcionários e com mais de 1.000 funcionários. No segmento de empresas com menor número de funcionários, a adoção da metodologia de competência é menor (35,90%), crescendo a sua utilização conforme aumenta o número de funcionários (81,82% para as empresas com mais de 1.000 funcionários). Em relação à clareza na definição de competências entre as empresas que adotam a metodologia, os percentuais se mantêm próximos aos da tabulação geral. Situam-se entre 57,14% e 69,44%. No entanto, no que diz respeito aos parâmetros de mensuração confiáveis, os percentuais se mantêm estáveis nas organizações com mais de 1.000 funcionários (58,33%), caem nas menores empresas (35,71%) e alcançam 100% nas que possuem entre 500 e 1.000 funcionários. Vale ressaltar que, nas menores empresas nacionais ou multinacionais, a adoção da metodologia de competências é menor, como também é menor a clareza nas definições e a confiabilidade dos parâmetros de medição.

O uso de metodologia por competência é um instrumento essencial na gestão de pessoas. A utilização na definição dos cargos e no planejamento, recrutamento e seleção é o início dessa jornada. É um processo trabalhoso e requer cuidados múltiplos. Exige aplicação de técnicas e bom senso.

Como o capital humano é o elemento central das organizações e, portanto, o centro são as pessoas, vale a pena escolhermos um caminho objetivo e com parâmetros confiáveis. Afinal, estamos tratando com pessoas, e elas merecem toda nossa consideração e respeito.

Quadro 9.1 Tabulação geral.

Parâmetros	Total		Nacionais		Multinacionais	
	Número	%	Número	%	Número	%
Empresas participantes	91		53	58,24	38	41,76
Distribuição por número de funcionários						
Até 500	39	42,86	25	47,17	14	36,84
entre 500 e 1000	8	8,79	6	11,32	2	5,26
acima 1000	44	48,35	22	41,51	22	57,89
Adotam metodologia competência na Gestão de RH	56	61,54	27	50,94	29	76,32
Não adotam metodologia competência na Gestão de RH	35	38,46	26	49,06	9	23,68
A metodologia é adotada nos subsistemas:						
definição de cargos	33	58,93	15	55,56	18	62,07
planejamento de pessoal	14	25,00	9	33,33	5	17,24
recrutamento e seleção	39	69,64	21	77,78	18	62,07
avaliação de desempenho	41	73,21	18	66,67	23	79,31
treinamento e desenvolvimento	35	62,50	18	66,67	17	58,62
admin. cargos, carreiras e salários	20	35,71	9	33,33	11	37,93
As competências têm definições claras	38	67,86	19	70,37	19	65,52
As competências não têm definições claras	18	32,14	8	29,63	10	34,48
As competências têm parâmetros de mensuração confiáveis	31	55,36	13	48,15	18	62,07
As competências não têm parâmetros de mensuração confiáveis	25	44,64	14	51,85	11	37,93
Participam da definição das competências e dos parâmetros:						
Diretoria	38	67,86	15	55,56	23	79,31
Gerentes	41	73,21	18	66,67	23	79,31
RH	47	83,93	23	85,19	24	82,76
Comitê	17	30,36	8	29,63	9	31,03
Funcionários-chave	7	12,50	4	14,81	3	10,34

Quadro 9.2 — Tabulação das empresas com até 500 funcionários.

Parâmetros	Total		Nacionais		Multinacionais	
	Número	%	Número	%	Número	%
Empresas participantes	39		25	64,10	14	35,90
Adotam metodologia competência na Gestão de RH	14	35,90	7	28,00	7	50,00
Não adotam metodologia competência na Gestão de RH	25	64,10	18	72,00	7	50,00
A metodologia é adotada nos subsistemas:						
definição de cargos	9	64,29	5	71,43	4	57,14
planejamento de pessoal	4	28,57	3	42,86	1	14,29
recrutamento e seleção	8	57,14	5	71,43	3	42,86
avaliação de desempenho	8	57,14	4	57,14	4	57,14
treinamento e desenvolvimento	8	57,14	5	71,43	3	42,86
admin. cargos, carreiras e salários	7	50,00	2	28,57	5	71,43
As competências têm definições claras	8	57,14	5	71,43	3	42,86
As competências não têm definições claras	6	42,86	2	28,57	4	57,14
As competências têm parâmetros de mensuração confiáveis	5	35,71	1	14,29	4	57,14
As competências não têm parâmetros de mensuração confiáveis	9	64,29	6	85,71	3	42,86
Participam da definição das competências e dos parâmetros						
Diretoria	9	64,29	4	57,14	5	71,43
Gerentes	12	85,71	6	85,71	6	85,71
RH	12	85,71	6	85,71	6	85,71
Comitê	4	28,57	0	0,00	4	57,14
Funcionários-chave	4	28,57	3	42,86	1	14,29

Quadro 9.3 — Tabulação das empresas que têm de 500 a 1.000 funcionários.

Parâmetros	Total		Nacionais		Multinacionais	
	Número	%	Número	%	Número	%
Empresas participantes	8		6	75,00	2	25,00
Adotam metodologia competência na Gestão de RH	6	75,00	4	66,67	2	100,00
Não adotam metodologia competência na Gestão de RH	2	25,00	2	33,33	0	0,00
A metodologia é adotada nos subsistemas:						
definição de cargos	3	50,00	3	75,00	0	0,00
planejamento de pessoal	0	0,00	0	0,00	0	0,00
recrutamento e seleção	6	100,00	4	100,00	2	100,00
avaliação de desempenho	5	83,33	3	75,00	2	100,00
treinamento e desenvolvimento	4	66,67	2	50,00	2	100,00
admin. cargos, carreiras e salários	2	33,33	2	50,00	0	0,00
As competências têm definições claras	4	66,67	2	50,00	2	100,00
As competências não têm definições claras	2	33,33	2	50,00	0	0,00
As competências têm parâmetros de mensuração confiáveis	6	100,00	4	100,00	2	100,00
As competências não têm parâmetros de mensuração confiáveis	0	0,00	0	0,00	0	0,00
Participam da definição das competências e dos parâmetros						
Diretoria	5	83,33	3	75,00	2	100,00
Gerentes	5	83,33	3	75,00	2	100,00
RH	5	83,33	3	75,00	2	100,00
Comitê	4	66,67	3	75,00	1	50,00
Funcionários-chave	0	0,00	0	0,00	0	0,00

Quadro 9.4 — Tabulação de empresas que têm acima de 1.000 funcionários.

Parâmetros	Total		Nacionais		Multinacionais	
	Número	%	Número	%	Número	%
Empresas participantes	44		22	50,00	22	50,00
Adotam metodologia competência na Gestão de RH	36	81,82	16	72,73	20	90,91
Não adotam metodologia competência na Gestão de RH	8	18,18	6	27,27	2	9,09
A metodologia é adotada nos subsistemas:						
definição de cargos	21	58,33	7	43,75	14	70,00
planejamento de pessoal	10	27,78	6	37,50	4	20,00
recrutamento e seleção	25	69,44	12	75,00	13	65,00
avaliação de desempenho	28	77,78	11	68,75	17	85,00
treinamento e desenvolvimento	23	63,89	11	68,75	12	60,00
admin. cargos, carreiras e salários	11	30,56	5	31,25	6	30,00
As competências têm definições claras	25	69,44	11	68,75	14	70,00
As competências não têm definições claras	11	30,56	5	31,25	6	30,00
As competências têm parâmetros de mensuração confiáveis	21	58,33	9	56,25	12	60,00
As competências não têm parâmetros de mensuração confiáveis	15	41,67	7	43,75	8	40,00
Participam da definição das competências e dos parâmetros						
Diretoria	24	66,67	8	50,00	16	80,00
Gerentes	24	66,67	9	56,25	15	75,00
RH	30	83,33	14	87,50	16	80,00
Comitê	9	25,00	5	31,25	4	20,00
Funcionários-chave	3	8,33	1	6,25	2	10,00

Glossário

Agregar pessoas – Atividade que "garante" que a organização mantenha sempre as pessoas certas, nos lugares certos e nos momentos certos.

Análise de cargos – Estuda as atribuições e responsabilidade dos cargos e, com base nesse estudo, são obtidas as descrições e especificações (requisitos) dos cargos.

Avaliação de potencial – Prognóstico quanto à possível carreira profissional futura do subordinado.

Capital humano – Termo utilizado neste texto para indicar o somatório dos conhecimentos, habilidades e capacidades das pessoas que geram valor econômico para a empresa.

Características pessoais – Um dos elementos da competência, ligado às atitudes, que por sua vez são influenciadas pelos valores crenças e auto-imagem, gera respostas consistentes para situações ou informações. Prediz o que a pessoa fará no curto prazo. Significa "o querer fazer".

Coaching – Conjunto de práticas que preparam o gerente para que exerça um papel real de liderança e que supra as necessidades dos profissionais e da empresa. A estratégia de *coaching* reside na mudança comportamental e nos valores.

Competência – Conjunto de conhecimentos, habilidades e características pessoais de uma pessoa, que se relacionam com o desempenho no trabalho.

Competências técnicas – Conhecimentos e habilidades em técnicas ou funções específicas. Por exemplo: matemática financeira, inglês.

Competências comportamentais – Atitudes e comportamentos compatíveis com as atividades a serem realizadas. Por exemplo: iniciativa, trabalho em equipe, gestão de conflitos.

Comportamentos-chave – Descrevem exatamente o que pode ser visto ou ouvido quando uma competência está sendo utilizada.

Conhecimentos – Um dos elementos da competência. Informações que a pessoa detém em áreas de conteúdo específico e o grau de profundidade desses mesmos conhecimentos. Significa "o saber".

Descrição de cargos – Fornece a relação sistematizada das atividades, com detalhes que permitem a compreensão do que, como e por que é feita cada uma das tarefas.

Dinâmica de grupo – Atividade presencial e uma das mais eficazes nos processos seletivos, reproduzindo, por meio de um cenário controlado, processos semelhantes aos existentes na empresa.

Efeito halo – Julgamentos à primeira vista, baseados em informações iniciais limitadas. O entrevistador deixa-se influenciar pelos seus julgamentos iniciais e usa-os sobre outras características do entrevistado.

Especificação do cargo – Contempla as condições exigidas do ocupante em relação à escolaridade, experiência, conhecimentos, bem como estuda as responsabilidades do ocupante por erros, materiais, equipamentos, ferramentas, condições de trabalho, requisitos físicos, entre outras.

Entrevista – Etapa mais importante de um processo seletivo, pois permite obter informações e os traços que ressaltam o comportamento de um candidato.

Entrevista comportamental – Estruturada e focada no trabalho, com perguntas que visam obter respostas narrativas do candidato, envolvendo eventos passados de sua experiência. Essa entrevista foca competências.

Fonte de recrutamento – Possíveis formas para suprir as necessidades de pessoas nas organizações.

Habilidades – Um dos elementos da competência. Aptidão para desempenhar determinada tarefa física ou mental. Capacidade de colocar em prática o conhecimento que possui. Significa "o saber fazer".

Integração de Pessoal – Processo que visa facilitar a adaptação da pessoa ao trabalho e à empresa.

Planejamento de pessoal – Atividade que procura estimar as necessidades futuras de pessoal, gerando diretrizes, sistemas e ações que permitam satisfazer essas necessidades a curto, médio e longo prazos, visando assegurar a realização das estratégias do negócio, dos objetivos da empresa e de sua continuidade sob condições de mudança.

Plano de sucessão – Identifica possíveis funcionários para ocupar funções mais importantes no futuro.

Prognosticadores do cargo – Refere-se ao perfil de competências do cargo e pré-requisitos.

Propensões do entrevistador – Ocorre quando o entrevistador não consegue separar a pessoa do seu comportamento, desempenho e potencial para o trabalho.

Recrutamento – Atividade de procura de candidatos para ocupar as vagas existentes. Fase extremamente importante que, se negligenciada, colocará em risco a seleção.

Seleção – Atividade que identifica o candidato mais qualificado entre aqueles recrutados. Cabe ressaltar que a seleção não cria bons candidatos, apenas os identifica entre os recrutados. Se não existem bons candidatos às vagas, o recrutamento foi falho. A eficácia da seleção é diretamente proporcional à do recrutamento.

Sistema de Seleção – Método pelo qual organizamos todos os elementos do processo: competências a serem avaliadas; ferramentas a serem utilizadas para se obter as informações necessárias à tomada de decisão; seqüência mais eficaz para avaliar as competências e pessoas a serem envolvidas em cada etapa.

Referências Bibliográficas

- BAQUERO, M. G. *Testes psicométricos e projetivos*: medidas psico-educacionais. 5. ed. São Paulo: Edições Loyola, 1983.
- BENNIS, W.; BIEDERMAN, P. W. *Os gênios da organização*. São Paulo: Campus, 2002.
- BERNARDI, M. A. Uma questão que vai além do dinheiro. *Revista Exame*, São Paulo, ed. 584, ano 27, n. 11, 1995.
- BOHLANGER, G. W.; SNELL, S.; SHERMAM, A. *Administração de Recursos Humanos*. São Paulo: Thomson, 2003.
- BRANSON, R. *Perdendo minha virgindade*: autobiografia. São Paulo: Cultura Editores Associados, 1999.
- BUSCAGLIA, L. F. *Vivendo, amando e aprendendo*. 8. ed. Rio de Janeiro: Record, 1982.
- CHIAVENATO, I. *Recursos Humanos*. Ed. compac. São Paulo: Atlas, 1983.
- CHOWDHURY, S. *A era do talento*. São Paulo: Pearson Education do Brasil, 2003a.
- _____. *Administração no século XXI*. São Paulo: Pearson Education do Brasil, 2003b.
- DAFT, R. *Administração*. São Paulo: Thomson, 2005.

- DAYAL, I. *Gerência de treinamento*: texto, casos e exercícios de simulação. Rio de Janeiro: Livros Técnicos e Científicos Editora, 1974.
- DEAL, T. E.; KENNEDY, Allen A. *Corporate culture*: the rites and rituals of corporate life. New York: Reading M. A., Addison Wesley, 1982.
- DONKIN, R. *Sangue, suor e lágrimas*: a evolução do trabalho. São Paulo: M. Books, 2003.
- DORNBUSCH, R.; STANLEY, F. *Macroeconomia*. São Paulo: McGraw-Hill do Brasil, 1982.
- DUTRA, J. S. (Org.). *Gestão por competências*. 3. ed. São Paulo: Editora Gente, 2001.
- FERREIRA, A. B. de Holanda. *Dicionário básico da língua portuguesa*. Rio de Janeiro: Nova Fronteira, 1988.
- FONTES, L. B. *Manual do treinamento na empresa moderna*. São Paulo: Atlas, 1971.
- GRAMIGNA, M. R. *Modelo de competências e Gestão de talentos*. São Paulo: Pearson Education do Brasil, 2002.
- GREEN, P. *Desenvolvendo competências consistentes*. São Paulo: Qualitymark, 2000.
- HAMPTON, D. R. *Administração contemporânea*. 2. ed. São Paulo: McGraw-Hill do Brasil, 1983.
- HEILBRONER, R. L. *Introdução à história das idéias econômicas*. São Paulo: Zahar, 1974.
- LAHÓZ, A. Nova Economia. *Revista Exame*. São Paulo, ed. 695, 1999.
- LEITE, P. M. Na segunda classe. *Revista Veja*. São Paulo, ano 20, n. 19, 1988.
- LOBOS, J. A. *Administração de Recursos Humanos*. São Paulo: Atlas, 1979.
- LODI, J. B. *A entrevista:* teoria prática. 3. ed. São Paulo: Livraria Pioneira Editora, 1977.

- _____. *Recrutamento de pessoal.* 3. ed. São Paulo: Livraria Pioneira Editora, 1978.
- MARANO, V. P. *Medicina do trabalho*: exames médicos admissionais, periódicos, provas funcionais. São Paulo: LTr Editora, 1987.
- MARCONDES, T. *Talentos*: onde encontrá-los e como mantê-los. Disponível em : <catho.com.br/jcs/imputier_view.phtml>. Acessado em: 1 fev. 2003.
- MARIN, D. C. Entrevista é prova de fogo da seleção. *Folha de S.Paulo*, São Paulo, 27 nov. 1994. Caderno de Empregos, p. C-7.
- MCCORMICK, E. J.; TIFFIN, J. *Psicologia industrial.* 2. ed. São Paulo: EPU, v. I e II, 1977.
- MEGGINSON, L. C.; MOSLEY, Donald C.; PIETRI, P. H. *Administração: conceitos e aplicações.* São Paulo: Harper & Row do Brasil, 1986.
- MUCHINSKY, P. M. *Psicologia organizacional.* São Paulo: Thomson, 2004.
- PARRY, S. B. *The quest of competencies.* Training, 1996.
- PEREZ, L. Mentir em currículo às vezes dá certo. *Folha de S.Paulo*, São Paulo, 21 maio 1995. Caderno de Empregos, p. C-6.
- PONTES, B. R. *Gestão de profissionais em empresas competitivas.* São Paulo: LTr Editora, 2001.
- _____. *Avaliação de desempenho: nova abordagem.* 8. ed. São Paulo: LTr Editora, 2002.
- _____. *Planejamento, recrutamento e seleção de pessoal.* 4. ed. São Paulo: LTr Editora, 2004.
- RYDLEWSKI, C. Os eleitos da inovação. *Revista Veja*, São Paulo, ed. 1912, ano 38, n 27, 6 jul. 2005.
- SANTOS, O. de Barros. *Orientação e desenvolvimento do potencial humano.* São Paulo: Livraria Pioneira Editora, 1978.
- _____. *Psicologia aplicada à orientação e seleção de pessoal.* São Paulo: Livraria Pioneira Editora, 1985.

- STEWART, T. A. A nova era do capital intelectual. *Revista Exame*. São Paulo,:ed. 642, 1997.
- STONER, James A. F. *Administração*. São Paulo: Prentice/Hall do Brasil, 1985.
- THIENNE M. *Talentos*: onde encontrá-los e como mantê-los. Disponível em: <catho.com.br/jcs/imputier_view.phtml>. Acessado em: 1 fev. 2003.
- TOLEDO, F.; MILIONE, B. *Dicionário RH de Administração de Recursos Humanos*. 2. ed. São Paulo: Associação Brasileira de Recursos Humanos, 1983.
- VASSALO, C.; MENAI, T.; COSTA, M.; NAIDICH, S.; ROSENBURG, C. (Col.). Como atrair talentos na era da internet. *Revista Exame*, São Paulo ed. 699.
- _____. Viva a diferença. *Revista Exame*, São Paulo, ed. 722.
- WERTHER, W. B.; DAVIS, Keith. *Administração de pessoal e Recursos Humanos*. São Paulo: McGraw-Hill do Brasil, 1983.
- WONNACOTT, P.; WONNACOTT, R. *Economia*. São Paulo: McGraw-Hill do Brasil, 1982